Uma temporada com Montaigne

Antoine Compagnon

Uma temporada com Montaigne

Tradução
Rosemary Costhek Abilio

wmf **martinsfontes**

SÃO PAULO 2015

Esta obra foi publicada originalmente em francês com o título
UN ÉTÉ AVEC MONTAIGNE
Éditions des Équateurs/France Inter, 2013
Copyright © Antoine Compagnon

Todos os direitos reservados. Este livro não pode ser reproduzido, no todo ou em parte, nem armazenado em sistemas eletrônicos recuperáveis nem transmitido por nenhuma forma ou meio eletrônico, mecânico ou outros, sem a prévia autorização por escrito do Editor.

Copyright © 2015, Editora WMF Martins Fontes Ltda.,
São Paulo, para a presente edição.

1ª edição 2015

Tradução
ROSEMARY COSTHEK ABILIO

Acompanhamento editorial
Márcia Leme
Revisões gráficas
Margareth Presser
Marisa Rosa Teixeira
Edição de arte
Katia Harumi Terasaka
Produção gráfica
Geraldo Alves
Paginação
Studio 3 Desenvolvimento Editorial

Dados Internacionais de Catalogação na Publicação (CIP)
(Câmara Brasileira do Livro, SP, Brasil)

Compagnon, Antoine
 Uma temporada com Montaigne / Antoine Compagnon ; [tradução Rosemary Costhek Abilio]. – São Paulo : Editora WMF Martins Fontes, 2014.

 Título original: Un été avec Montaigne
 Bibliografia.
 ISBN 978-85-7827-920-2

 1. Filosofia francesa 2. Montaigne, Michel de, 1533-1592 – Crítica e interpretação I. Título.

14-12747   CDD-194

Índices para catálogo sistemático:
1. Filosofia francesa   194
2. Filósofos franceses   194

Todos os direitos desta edição reservados à
Editora WMF Martins Fontes Ltda.
Rua Prof. Laerte Ramos de Carvalho, 133 01325.030 São Paulo SP Brasil
Tel. (11) 3293.8150 Fax (11) 3101.1042
e-mail: info@wmfmartinsfontes.com.br http://www.wmfmartinsfontes.com.br

Sumário

1. Um homem engajado 9
2. A conversação 13
3. Tudo se move 17
4. Os índios de Rouen 21
5. Uma queda do cavalo 25
6. A balança 29
7. Um hermafrodita 33
8. A perda de um dente 37
9. O Novo Mundo 41
10. Os pesadelos 45
11. A boa-fé 49
12. O lastro 53
13. A biblioteca 57
14. Às leitoras 61
15. Guerra e paz 65
16. O amigo 69
17. O romano 73

18. Para que mudar? 77
19. O outro 81
20. Sobrepeso 85
21. A pele e a camisa 89
22. A cabeça benfeita 93
23. Um filósofo fortuito 97
24. Uma lição trágica 101
25. O livro 105
26. A pedra 109
27. A aposta 113
28. Vergonha e arte 117
29. Sobre os médicos 121
30. A finalidade e o final 125
31. Uma parte de si 129
32. A caçada e a captura 133
33. A desenvoltura 137
34. Antimemórias 141
35. Odores, tiques, mímicas 145
36. Contra a tortura 149
37. *Sic et non* 153
38. A ignorância erudita 157
39. O tempo perdido 161
40. O trono do mundo 165

As pessoas estariam tomando sol na praia ou então bebericando um aperitivo, preparando-se para almoçar, e ouviriam falar de Montaigne no rádio. Quando Philippe Val me pediu para discorrer sobre os *Ensaios* na emissora France Inter durante o verão, alguns minutos todo dia da semana, a ideia me pareceu muito bizarra; e o desafio, tão arriscado que não ousei esquivar-me.

Em primeiro lugar, reduzir Montaigne a extratos era absolutamente contrário a tudo o que eu aprendera, às concepções reinantes no meu tempo de estudante. Na época, atacava-se a moral tradicional extraída dos *Ensaios* em forma de sentenças e pregava-se o retorno ao texto em sua complexidade e suas contradições. Quem se atrevesse a trinchar Montaigne e servi-lo em pedaços teria sido imediatamente ridicularizado, tratado de *minus habens*, destinado às lixeiras da história como um avatar de Pierre Charron, autor de um *Traité de la sagesse* [Tratado da sabedoria] feito de máximas tiradas dos *Ensaios*. Desconsiderar uma proibição dessas ou encontrar um modo de contorná-la era uma provocação tentadora.

Em seguida, escolher quarenta passagens de algumas linhas a fim de comentá-las rapidamente e mostrar tanto sua profundidade histórica como seu alcance atual: o desafio parecia insustentável. Eu deveria escolher as páginas ao acaso, como santo Agostinho abrindo a Bíblia? Pedir a uma mão inocente que as designasse? Ou então percorrer a galope os temas principais da obra, fazer um apanhado de sua riqueza e diversidade? Ou ainda limitar-me a escolher alguns de meus trechos preferidos, sem preocupação de unidade ou exaustividade? Fiz tudo isso ao mesmo tempo, sem ordem nem premeditação[1].

Por fim, ocupar o horário que foi de Lucien Jeunesse*, a quem devo a melhor parte de minha cultura adolescente, era uma oferta irrecusável.

A. C.

1. Utilizei *Les essais de Michel de Montaigne,* Le Livre de poche, col. La Pochothèque, 2001, sob direção de Jean Céard, segundo a edição póstuma de 1595. (N. do A.) [A tradução dos trechos de Montaigne citados baseou-se nas minhas, de 2000 (livros I e II) e 2001 (livro III), para a editora Martins Fontes. (N. da T.)]

* Animador de rádio, cantor, ator (1918-2008). Durante trinta anos – até aposentar-se, em 1995 – apresentou na France Inter, entre 12h45 e 13h, o jogo radiofônico *Le jeu des mille francs* [O jogo dos mil francos]. (N. da T.)

1

Um homem engajado

Levando em conta apenas que Montaigne gostava de descrever-se como um cavalheiro, como um homem do ócio recolhido às suas terras, refugiado em sua biblioteca, costuma-se esquecer que ele foi também um homem público comprometido com sua época que assumiu importantes responsabilidades políticas, durante um período conturbado da história da França. Por exemplo, serviu de negociador entre os católicos e os protestantes, entre Henrique III e Henrique de Navarra, o futuro Henrique IV, e extrai disso a seguinte lição:

"No pouco que tive de negociar entre nossos príncipes, nestas divisões e subdivisões que hoje nos dilaceram, evitei cuidadosamente que se enganassem a meu respeito e se enredassem em minha máscara. As pessoas do ramo mantêm-se o mais ocultas e apresentam-se e fingem-se o mais medianas e o mais afins que podem; quanto a mim, ofereço-me com minhas ideias mais vivas e com a forma mais minha. Negociador frágil e novato, que antes prefiro falhar à causa do que a mim! Entretanto, até agora isso decorreu com tanta sorte (pois certamente a fortuna tem aí a parte principal) que poucos passaram de mão para outra com menos desconfiança, mais favor e familiaridade. Tenho um modo franco, fácil de insinuar-se e de obter crédito já nos primeiros contatos. A sinceridade e a verdade pura, em qualquer época que seja, ainda têm aplicação e curso" (III, 1).

Toda sua vida adulta foi dilacerada pelas guerras civis, as guerras piores, como costuma lembrar, pois põem frente a frente amigos, irmãos. Desde 1562 – ele ainda não tinha trinta anos – até sua morte, em 1592, as batalhas, escaramuças, cercos e assassinatos só foram interrompidos por curtas tréguas.

Como Montaigne sobreviveu a isso? É o que ele se pergunta várias vezes nos *Ensaios*. Aqui, é no capítulo "Sobre o útil e o honesto", que abre o terceiro volume, em 1588, após a atribulada experiência como prefeito de Bordeaux, em tempo de guerra e de peste.

O útil e o honesto: Montaigne aborda a questão da moral pública, ou do fim e dos meios, da razão de Estado. Estão em moda Maquiavel e o realismo político, encarnado em Catarina de Médicis, filha de Lourenço II, ao qual Maquiavel dedicara *O príncipe*. A rainha-mãe, viúva de Henrique II, mãe dos três últimos Valois, teria tomado a decisão mais odiosa da época: o massacre de são Bartolomeu.

O maquiavelismo autoriza a mentir, a faltar com a palavra dada, a matar, em nome do interesse do Estado, para assegurar sua estabilidade, concebida como o bem supremo. Montaigne nunca optou por isso. Ele recusa em toda parte o logro e a hipocrisia. Sempre se apresenta exatamente como é, diz o que pensa, sem levar em conta o que está em uso. À via encoberta, como a chama, prefere a via aberta, a franqueza, a lealdade. Considera que o fim não justifica os meios e nunca se dispõe a sacrificar a moral privada à razão de Estado.

Ora, ele constata que essa conduta insensata não o prejudicou e até mesmo lhe resultou bem. Sua conduta é não só mais honesta, como também mais útil. Quando um homem público mente uma vez, nunca mais lhe dão crédito: escolheu um expediente contra o tempo e, portanto, fez um mau cálculo.

Segundo Montaigne, a sinceridade, a fidelidade à palavra dada é uma conduta bem mais compensadora. Se a convicção moral não nos impelir à honestidade, então a razão prática deveria fazê-lo.

2

A conversação

Como Montaigne se comporta na conversação, seja uma conversa familiar ou uma discussão mais protocolar? Sua explicação está no capítulo "Sobre a arte da conversação", do terceiro livro dos *Ensaios*. A conversação é o diálogo, a deliberação. Ele se apresenta como um homem receptivo às ideias dos outros, aberto, disponível, e não teimoso, limitado, fincado em suas opiniões:

"Festejo e acarinho a verdade em qualquer mão onde a encontrar; rendo-me alegremente a ela e estendo-lhe minhas armas vencidas, ao vê-la aproximar-se ainda longe. E, desde que nisso não procedam com um ar excessivamente imperioso e professoral, tenho prazer em ser criticado. E me adapto aos acusadores, frequentemente mais por motivo de civilidade do que por motivo de melhora – gostando, pela facilidade em ceder, de favorecer e alimentar a liberdade de me advertirem" (III, 8).

Montaigne assegura que respeita a verdade, mesmo quando é proferida por alguém antipático. Não é orgulhoso, não sente a contradição como uma humilhação, gosta de ser corrigido quando se engana. O que não lhe agrada são os interlocutores arrogantes, seguros de si, intolerantes.

Portanto, Montaigne parece ser um perfeito cavalheiro liberal, que respeita as ideias, não lhes coloca nenhum amor-próprio, não procura ter a última palavra. Em resumo, não vê a conversação como um combate que precise vencer.

Entretanto, logo em seguida ele acrescenta uma restrição: se cede aos que o criticam, é mais por polidez do que para melhorar, principalmente se seu contraditor for cheio de si. Então se curva, mas sem submeter sua convicção íntima. Isso não seria um fingimento de sua parte, apesar de elogiar constantemente a sinceridade? Aos adversários insolentes, e mesmo aos outros, tende a dar razão sem resistir, por cortesia, para que continuem a abrir-lhe os olhos, a esclarecê-lo, segundo diz. É preciso depor as armas diante do outro – ou pelo menos fazê-lo acreditar nisso – para que no futuro não hesite em dar-lhe seu parecer.

"No entanto", prossegue Montaigne, "é difícil atrair para isso os homens de minha época. Eles não têm ânimo para corrigir porque não têm ânimo para suportar serem corrigidos; e na presença uns dos outros falam sempre com dissimulação. Sinto tão grande prazer em ser julgado e conhecido que me é quase indiferente em qual das duas formas o seja. Minha imaginação contradiz e condena a si mesma com tanta frequência que para mim é a mesma coisa se outro o fizer, principalmente porque só dou à sua crítica a autoridade que eu quiser. Mas me indisponho com quem for muito imperioso – como alguém que conheço, que lastima sua advertência se não lhe dermos crédito e encara como ofensa se relutarmos em segui-la" (III, 8).

Montaigne lamenta que seus contemporâneos não o contestem bastante, porque têm pavor de também se ver contestados. Como não gostam de ser contrariados, como isso os humilha, não contrariam, e cada qual se fecha em suas certezas.

Nova e última guinada: se Montaigne concorda facilmente com o outro, é não só por urbanidade, para incentivar seu interlocutor a dar-lhe a réplica, mas também porque é pouco seguro de si, porque suas opiniões são mutáveis e porque se contradiz sozinho. Montaigne ama a contradição, mas para obtê-la basta ele mesmo. O que detesta acima de tudo são as pessoas excessivamente orgulhosas, que se ofendem com quem não adota seu ponto de vista. Se há uma coisa que Montaigne condena é a presunção, a fatuidade.

3

Tudo se move

Ao longo dos *Ensaios*, encontramos aqui e ali muitas considerações sobre a instabilidade, a mobilidade das coisas deste mundo e sobre a impotência do homem para conhecê-las. Mas nenhuma é tão firme como esta, no início do capítulo "Sobre o arrependimento", do terceiro livro. Nele Montaigne resume a sabedoria que alcançou, proporcionada pela escrita de seu livro. Novo paradoxo: a firmeza na mobilidade.

"Os outros formam o homem, eu o descrevo; e reproduzo um homem particular, tão malformado e que, se eu tivesse de moldar novamente, na verdade faria muito diferente do que é. Mas agora está feito. Ora, os traços de minha pintura não se extraviam, embora mudem e se diversifiquem. O mundo não é mais que um perene movimento. Nele todas as coisas se movem sem cessar:

a terra, os rochedos do Cáucaso, as pirâmides do Egito, e tanto com o movimento geral como com o seu particular. A própria constância é apenas um movimento mais lânguido. Não consigo fixar meu objeto: ele vai confuso e cambaleante, com uma embriaguez natural. Tomo-o nesse ponto, como ele é no instante em que dele me ocupo" (III, 2).

Montaigne, como faz com frequência, começa por uma declaração de humildade. Seu objetivo é rasteiro, modesto. Não pretende ensinar uma doutrina, diferentemente de quase todos os autores, que querem instruir, moldar. Ele, por sua vez, narra-se, diz um homem. Aliás, apresenta-se como totalmente o contrário de um modelo: é "tão maformado" e agora é tarde demais para reformar-se. Portanto, não se deveria tomá-lo como exemplo.

E entretanto busca a verdade. Mas é impossível encontrá-la num mundo tão instável e turbulento. Tudo flui, como dizia Heráclito. Não há nada sólido sob o céu: nem as montanhas, nem as pirâmides, nem as maravilhas da natureza, nem os monumentos edificados pelo homem. O objeto se move e o sujeito também. Como poderia haver um conhecimento sólido e confiável?

Montaigne não nega a verdade, mas duvida que ela seja acessível ao homem por si só. É um cético que escolheu como divisa "Que sei eu?" e como emblema uma balança. Mas isso não é razão para se desesperar.

"Não retrato o ser", prossegue ele. "Retrato a passagem; não a passagem de uma idade para outra ou de sete em sete anos, como diz o povo, mas de dia para dia, de minuto para minuto. É preciso ajustar minha história ao momento. Daqui a pouco poderei mudar, não só de fortuna mas também de intenção. Este é um registro de acontecimentos diversos e mutáveis e de pensamentos indecisos e, se calhar, opostos: ou porque eu seja um outro eu, ou porque capte os objetos por outras circunstâncias e considerações" (III, 2).

Trata-se de nos reduzirmos à condição humana, aceitarmos sua miséria: seu horizonte é o devir, e não o ser. Daqui a um instante o mundo terá mudado e eu também. Nos *Ensaios* – o registro do que lhe acontece e do que pensa –, Montaigne limita-se a anotar como tudo muda o tempo todo. É um relativista. Pode-se até mesmo falar de *perspectivismo*: a cada momento tenho um ponto de vista diferente sobre o mundo. Minha identidade é instável. Montaigne não encontrou um "ponto fixo", mas nunca parou de procurar.

Uma imagem expressa sua relação com o mundo: a da equitação, do cavalo sobre o qual o cavaleiro mantém seu equilíbrio, seu assento precário. Assento, eis a palavra. O mundo se move, eu me movo: cabe a mim encontrar meu assento no mundo.

4

Os índios de Rouen

Em Rouen, em 1562, Montaigne se encontrou com três índios da França Antártica, o enclave francês na baía do Rio de Janeiro. Foram apresentados ao rei Carlos IX, então com doze anos de idade, curioso sobre aqueles indígenas do Novo Mundo. Depois, Montaigne conversou com eles.

"Três deles, ignorando o quanto custará um dia à sua tranquilidade e à sua felicidade o conhecimento das corrupções daqui, e que desse contato nascerá a ruína deles, como pressuponho que já esteja avançada (bem infelizes por terem se deixado lograr pelo desejo de novidade e terem deixado a doçura de seu céu para vir ver o nosso), foram a Rouen, no período em que o falecido rei Carlos IX lá estava. O rei falou com eles longo tempo; mostraram-lhes nosso modo de ser, nossa pompa, a forma de uma bela cidade" (I, 30).

Montaigne é um pessimista: no contato com o Velho Mundo, o Novo Mundo se degradará – isso até mesmo já aconteceu –, uma vez que era um mundo criança, inocente. É o final do capítulo "Sobre os canibais". Montaigne acaba de descrever o Brasil como uma idade de ouro, como a Atlântida da mitologia. Os índios são selvagens no sentido não da crueldade, e sim da natureza – e os europeus são os bárbaros. Se eles comem seus inimigos, não é para se alimentar, e sim para obedecer a um código de honra. Em resumo, Montaigne lhes desculpa tudo e aos europeus não desculpa nada.

"[...] depois disso", prossegue ele, "alguém perguntou-lhes sua opinião e quis saber o que haviam achado mais admirável. Responderam três coisas, das quais esqueci a terceira, o que muito me aborrece; mas ainda tenho na memória duas. Disseram que em primeiro lugar achavam muito estranho que tantos homens adultos, portando barba, fortes e armados, que estavam ao redor do rei (provavelmente estavam falando dos suíços de sua guarda), se sujeitassem a obedecer a uma criança e que em vez disso não escolhessem algum deles para comandar" (I, 30).

Por uma inversão que as *Cartas persas* de Montesquieu tornariam familiar, agora é a vez de os índios nos observarem, espantarem-se com nossos costumes, destacarem sua absurdez. A primeira é a "servidão voluntária", segundo a tese do amigo de Montaigne, Étienne de La Boétie. Como é possível tantos homens fortes obedecerem a uma criança? Por qual mistério se submetem? Segundo La Boétie, bastaria que o povo parasse de obedecer para que o príncipe caísse. Gandhi pregará assim a resistência passiva e a desobediência civil. O índio não vai tão longe, mas o direito divino do Velho Mundo lhe parece inexplicável.

"Em segundo lugar [...], que haviam percebido existirem entre nós homens repletos e empanturrados de toda espécie de regalias, e estarem suas metades mendigando-lhes nas portas, descarnados de fome e pobreza; e achavam estranho como essas metades necessitadas podiam suportar tal injustiça sem agarrar os outros pelo pescoço ou atear fogo em suas casas" (I, 30).

O segundo escândalo é a desigualdade entre os ricos e os pobres. Montaigne faz de seus índios, se não comunistas antes da hora, pelo menos adeptos da justiça e da igualdade.

É curioso que ele tenha esquecido o terceiro motivo de indignação de seus índios. Depois de uma maravilha política e outra econômica, o que poderia estar em questão? Nunca saberemos com certeza, mas sempre tive cá comigo uma ideiazinha; vou contá-la alguma outra vez.

5

Uma queda do cavalo

Esta é uma das páginas mais comoventes dos *Ensaios*, pois é raro Montaigne contar com tanta exatidão uma peripécia de sua vida, um momento tão privado. Trata-se de uma queda de cavalo e do desmaio que a sucedeu.

"Durante nossos terceiros distúrbios, ou segundos (não lembro bem), tendo ido um dia passear a uma légua de minha casa, que está situada no meio de toda a desordem das guerras civis da França, julgando estar em total segurança e tão próximo de minha morada que não precisava de melhor equipagem, havia escolhido um cavalo bastante dócil mas pouco firme. No meu retorno, tendo se apresentado uma ocasião súbita de utilizar esse cavalo para um serviço que não era bem de seu hábito, um de meus homens, grande e forte, montado num robusto rocim que tinha uma boca irrefreável e, além disso, descansado e vigoroso, para fazer-se de ousado e ultrapassar seus companheiros veio impeli-lo à rédea solta diretamente em meu caminho e desabar como um colosso sobre o homenzinho e o cavalinho, e fulminá-lo com seu ímpeto e seu peso, arremessando-nos ambos de pernas para cima; de tal forma que eis o cavalo derrubado e jazendo totalmente atordoado, e eu dez ou doze passos além, estendido de costas, o rosto todo pisado e todo esfolado, a espada que trazia na mão a mais de dez passos além, o cinto em pedaços, sem movimento nem percepção, não mais que um cepo" (II, 6).

Habitualmente, Montaigne fala de suas leituras e das ideias que elas lhe inspiram, ou então mais se descreve do que se narra. Mas agora entramos em um acontecimento pessoal. A narração é cheia de detalhes; as circunstâncias são precisas: a segunda ou terceira guerra civil, entre 1567 e 1570. Durante uma calmaria, Montaigne sai de casa, sem afastar-se de suas terras e sem grande escolta, numa montaria fácil, para passear.

Depois vem a longa e bela frase narrando o infortúnio, cheia de observações pitorescas: o potente rocim montado por um de seus homens; o próprio Montaigne, "homenzinho e cavalinho" derrubados pelo enorme animal que se abate sobre ele. Visualizamos a cena; imaginamos o campo da Dordonha, no meio das vinhas, sob o sol, a pequena tropa cabriolando. Depois o choque: Montaigne no chão, derrubado, longe de seu cinto e sua espada, contundido e principalmente desfalecido, inconsciente.

Pois tudo está nisso. Se Montaigne dá tantos detalhes, é porque não se lembrou de nada e seu pessoal é que lhe contou os fatos, mas escondendo-lhe o papel do grande rocim e de seu cavaleiro. O que lhe interessa e o perturba é sua perda de consciência e o lento retorno à vida, depois que o levaram de volta para casa julgando-o morto. Assim, esse acidente é para Montaigne o mais perto que ele se aproximou da morte; e a experiência foi suave, imperceptível. Portanto, não deveríamos ter um medo excessivo de morrer.

Indo além dessa moral, Montaigne extrai da experiência uma lição mais importante e moderna. Ela o leva a refletir sobre a identidade, sobre a relação entre o corpo e o espírito. Inconsciente, parece que ele agiu, falou e mesmo deu ordem de se ocuparem de sua mulher, que, avisada, estava indo para lá. Que somos nós, se nosso corpo se agita, se falamos e ordenamos sem que nossa vontade participe? Onde está nosso eu?

Graças a essa queda de cavalo, Montaigne, antes de Descartes, antes da fenomenologia, antes de Freud, antecipa vários séculos de inquietude sobre a subjetividade, sobre a intenção; e concebe sua própria teoria da identidade – precária, descontínua. Quem já tiver caído do cavalo o compreenderá.

6

A balança

Montaigne é um magistrado; teve uma formação de jurista e é muito sensível à ambiguidade dos textos – todos os textos, não só as leis, mas também a literatura, a filosofia, a teologia. Todos estão sujeitos a interpretação e contestação; e estas, em vez de nos aproximarem do sentido deles, nos afastam cada vez mais. Entre os textos e nós, multiplicamos as camadas de comentários que tornam sua verdade cada vez mais inacessível. Montaigne lembra isso na "Apologia de Raymond Sebond":

"Nosso falar tem suas fraquezas e seus defeitos, como todo o restante. A maior parte das causas das desordens do mundo é gramatical. Nossos processos nascem tão somente do debate sobre a interpretação das leis; e a maioria das guerras, da incapacidade de expressar claramente as convenções e tratados de acordo dos príncipes. Quantas e quão importantes disputas produziu no mundo a dúvida sobre o sentido desta sílaba: *hoc*?" (II, 12).

Como homem do Renascimento, Montaigne ironiza a tradição medieval que acumulou as glosas – comparadas a excrementos por Rabelais, *faeces literarum*. Defende um retorno aos autores, aos textos originais de Platão, Plutarco, Sêneca.

Porém, há mais. A seu ver, todos os distúrbios do mundo – processos e guerras, litígios privados e públicos – estão ligados a mal-entendidos sobre o sentido das palavras, até mesmo o conflito que divide tragicamente católicos e protestantes. Montaigne resume-o a uma disputa sobre o sentido da sílaba *hoc*, no sacramento da Eucaristia: *Hoc est enim corpus meum, Hoc est enim calix sanguinis mei* – "Isto é meu corpo, isto é meu sangue" –, disse Cristo e repete o sacerdote. Segundo a doutrina da transubstanciação ou presença real, o pão e o vinho convertem-se em carne de Cristo. Mas os calvinistas se limitam a afirmar a presença espiritual de Cristo no pão e no vinho. O que pensa disso Montaigne, que reduz a Reforma a uma disputa sobre palavras? Não sabemos, e ele guarda para si sua convicção íntima.

"Tomemos a frase que a própria lógica nos apresentará como a mais clara. Se dizeis: 'O tempo está bom' e estais dizendo a verdade, então o tempo está bom. Não é uma forma precisa de falar? Mesmo assim, ela nos enganará. Como prova disso, prossigamos com o exemplo. Se dizeis: 'Minto' e estais dizendo a verdade, então estais mentindo. A arte, a razão, a força da conclusão desta são idênticas à outra; entretanto, eis-nos atolados" (II, 12).

O exemplo da Eucaristia serve-lhe para confirmar seu ceticismo retomando o paradoxo do cretense ou do mentiroso: "Um homem declara: 'Estou mentindo.' Se for verdadeiro, é falso. Se for falso, é verdadeiro." Montaigne é discípulo de Pirro, filósofo grego partidário da "suspensão do juízo" como única conclusão lógica da dúvida. Porém, mais radical ainda, ele contesta até mesmo a fórmula "Eu duvido", pois, se digo que duvido, disso não duvido: "Penso nos filósofos pirrônicos, que não podem expressar sua concepção geral em nenhuma forma de falar, pois precisariam de uma nova linguagem" (II, 12).

Essa nova linguagem Montaigne encontrou formulando seu próprio lema em forma de pergunta e não de afirmação: "Essa ideia é expressa com mais clareza pela interrogação: 'Que sei eu?', que porto como divisa numa balança" (II, 12). A balança em equilíbrio representa sua perplexidade, sua recusa ou incapacidade de escolher.

7

Um hermafrodita

A caminho da Alemanha, durante sua viagem de 1580 até Roma, Montaigne encontrou um homem que nascera menina e assim permanecera por mais de vinte anos, antes de tornar-se rapaz:

"Passando por Vitry-Le-François, pude ver um homem que o bispo de Soissons chamou de Germain na crisma, mas que até a idade de vinte e dois anos todos os habitantes de lá haviam conhecido e visto como mulher, chamada Marie. Nessa ocasião ele era muito barbudo, velho, e não se casara. Contou que, ao fazer um pouco de força para saltar, surgiram seus membros viris; e ainda é de uso entre as moças de lá uma canção na qual advertem umas às outras para não darem passadas largas, por medo de se transformarem em rapaz, como Marie Germain. Não é tão espantoso essa espécie de ocorrência ser encontrada com frequência; pois, se a imaginação tem poder em tais coisas, ela está tão contínua e vigorosamente presa a esse assunto que, para não ter de recair tantas vezes no mesmo pensamento e tormento de desejo, considera melhor incorporar nas mulheres, de uma vez por todas, essa parte viril" (I, 20).

Como seus contemporâneos, Montaigne se interessa por essas "Histórias memoráveis de algumas mulheres que degeneraram em homens", título de um capítulo de *Monstros e prodígios*, obra do médico Ambroise Paré. O Renascimento tem atração pelas curiosidades da natureza, entre as quais o hermafrodita, simultaneamente homem e mulher. Marie torna-se Germain em decorrência de um esforço físico que deslocou seu membro viril, até então escondido, virado para dentro, de modo que sempre haviam pensado que fosse mulher.

Mas Montaigne minimiza o prodígio. Tais acidentes acontecem com frequência; portanto, as meninas têm razão de evitar as grandes passadas que as transformariam em meninos. A causa disso é a "força da imaginação" – esse é o título do capítulo no qual figura a anedota. Em vez de pensarem tanto no sexo, as jovens não demoraram a engendrá-lo em si mesmas. À força de pensarem nisso, ele lhes cresce. Não se trata da "inveja do pênis", teorizada por Freud como fase do desenvolvimento da menina, e sim do desejo feminino, tão misterioso para Montaigne quanto para Rabelais no *Terceiro livro*. Por desejar demais o homem, você se torna homem. Difícil, como frequentemente, concluir se Montaigne está brincando.

Aliás, ele passa de imediato, e muito mais longamente, para numerosos casos de uma situação bem mais comum que ilustra a força da imaginação: a impotência masculina, o "nó nos cordões da braguilha", como era chamado o feitiço que constituía em dar nó num cordão e ao mesmo tempo pronunciar uma fórmula mágica para fazer um homem sofrer impotência e assim impedir a consumação do casamento. Montaigne não hesita em começar narrando uma circunstância em que "o senhor meu cliente", como o chama humoristicamente, fazendo-se seu advogado, "pelo qual posso responder como por mim mesmo" (I, 20), lhe falha porque, depois de um amigo contar-lhe um fracasso seu, ele o relembrou no momento errado.

Não há melhor ilustração das relações complicadas entre a mente e o corpo do que esse órgão masculino que não responde às minhas ordens e só faz o que lhe dá na cabeça, como se tivesse vontade própria, independente de mim, desobediente, desregrada e rebelde: "Acaso ela quer sempre o que queríamos que quisesse?" (I, 20), pergunta Montaigne, que imagina a identidade como um pequeno teatro psíquico no qual, como no palco de uma comédia, dialogam e brigam diversas instâncias: mente, vontade, imaginação.

8

A perda de um dente

A morte é um dos grandes temas sobre os quais Montaigne medita e está sempre retomando. Os *Ensaios* são também uma preparação para a morte, desde o capítulo "Que filosofar é aprender a morrer", no início do primeiro livro, até o final do terceiro livro, no capítulo "Sobre a fisionomia", em que Montaigne elogia a atitude estoica dos camponeses, expostos às devastações das guerras e da peste, mas tão sábios e tranquilos como Sócrates no momento de beber a cicuta, e também no capítulo "Sobre a experiência".

"Deus agracia aqueles a quem subtrai a vida aos poucos. É o único benefício da velhice. Sua derradeira morte será tanto menos completa e danosa: não matará mais que metade ou um quarto de homem. Eis que um dente acaba de cair-me, sem dor, sem esforço; era o fim natural de seu tempo. E essa parte de meu ser e várias outras já estão mortas; outras, semimortas, das mais ativas e ocupando o primeiro lugar durante o vigor de meus anos. É assim que me vou dissolvendo e escapando de mim" (III, 13).

Não se pode ensaiar a morte, que só acontece uma vez, mas Montaigne aproveita toda experiência que possa dar-lhe uma ideia antecipada dela; por exemplo – já falamos disso –, uma queda de cavalo, seguida de um desmaio que lhe pareceu uma morte suave, tranquila. Aqui, a perda de um dente dá motivo para uma pequena fábula sobre a morte.

Envelhecer apresenta pelo menos uma vantagem: não se morrerá de uma vez só, mas pouco a pouco, parte por parte. De modo que a "derradeira morte", como ele a chama, não deverá ser tão absoluta como se ocorresse durante a juventude e na flor da idade. O dente que cai – tormento banal, não catastrófico, que Montaigne deve ter conhecido – torna-se um indício de envelhecimento e uma antecipação da morte. Ele o compara com outras falhas que estão afetando seu corpo, uma das quais, como dá a entender, atinge seu ardor viril. Montaigne, antes de Freud, associa o dente e o sexo como sinais de potência – ou de impotência, quando vêm a faltar.

"Que tolice de meu entendimento será sentir o salto dessa queda, já tão avançada, como se ela fosse total! Espero que não" (III, 13). Entretanto, o final do trecho é ambíguo: seria tolice sentir a derradeira morte, aquela que não levará mais que um resto de homem, como se fosse total. Montaigne espera que tal não lhe aconteça. Mas está convicto disso? Ele se interroga: levantar a questão é reconhecer que ela existe. Mesmo tendo perdido um dente e constatado outras fraquezas de nosso corpo, talvez a derradeira morte não deixe de ser vivenciada como se fosse total.

"A morte mistura-se e confunde-se com tudo em nossa vida; o declínio adianta a hora dela e se intromete até mesmo no curso de nosso desenvolvimento. Tenho retratos de minha figura de vinte e cinco e de trinta e cinco anos; comparo-os com o de agora. Quantas vezes esse não é mais eu; quanto minha imagem atual está mais distante dessas do que da imagem de minha morte!" (III, 13).

Montaigne escuta a voz da razão: sua mente instrui sua imaginação. Possuímos fotos de nós nas diversas idades da vida; sabemos que não somos mais nós nessas imagens amareladas. Ele insiste na diferença que há entre mim agora e mim outrora. Isso não impede que algo em mim permaneça inteiro: "Esse não é mais eu", diz de um antigo retrato. Portanto, é porque permanece um eu, uma vida intacta, e é esse eu que desaparecerá.

9

O Novo Mundo

O descobrimento da América e depois as primeiras expedições coloniais marcaram as mentes na Europa. Alguns viram nisso um motivo de otimismo, um progresso para o Ocidente, que deve muito à América: os tomates, o tabaco, a baunilha, a pimenta e principalmente o ouro. Mas Montaigne expressa sua inquietude.

"Nosso mundo acaba de descobrir um outro (e quem nos responde se é o último de seus irmãos, visto que até agora os demônios, as sibilas e nós ignorávamos esse?), não menos grande, maciço e musculoso do que ele, mas tão novo e tão criança que ainda estão lhe ensinando seu abc. Há menos de cinquenta anos ele não conhecia nem letras, nem pesos, nem medidas, nem roupas, nem cereais, nem vinhedos. Ainda estava totalmente nu, no colo, e vivia apenas dos meios de sua mãe nutriz. Se concluímos bem sobre nosso final [...], esse outro mundo estará apenas entrando na luz quando o nosso sair dela. O universo cairá em paralisia: um membro estará entrevado e o outro, vigoroso" (III, 6).

Ainda temos mundos por descobrir, sugere Montaigne, e a que tudo isso nos levará? Considera que, comparado com o seu, o Novo Mundo é um mundo inocente, que ele caracteriza pelo que lhe falta: a escrita, as roupas, o pão e o vinho. Questões religiosas essenciais estão subjacentes. Se lá andam totalmente nus e sem sentir vergonha, como Adão e Eva no Paraíso, será porque não conheceram a Queda? Porque o pecado original os poupou?

Esse outro mundo estaria mais próximo do estado de natureza do que o Velho. E a natureza, a mãe natureza, é sempre boa para Montaigne, que não se cansa de louvá-la, opondo-a ao artifício. Quanto mais perto da natureza estivermos, melhor será; portanto, os homens e as mulheres do Novo Mundo viviam melhor antes de Cristóvão Colombo descobri-los.

Montaigne teme o desequilíbrio que o contato dos dois mundos, em estágios de desenvolvimento diferentes, criará no universo. Ele concebe o universo tomando como modelo o corpo humano, pela analogia entre o macrocosmo e o microcosmo. O universo se tornará um corpo monstruoso, montado sobre uma perna vigorosa e a outra inválida; será disforme, cambaio, coxo.

O autor dos *Ensaios* não acredita no progresso. Sua filosofia cíclica da história é calcada sobre a vida humana, que vai da infância para a idade adulta e depois para a velhice, ou da grandeza para a decadência. A colonização da América não pressagia nada de bom, pois o Velho Mundo corromperá o Novo:

"Receio muito que por nosso contágio teremos apressado fortemente seu declínio e sua ruína, e lhe teremos vendido muito caro nossas ideias e nossas artes. Era um mundo criança; apesar disso, não o castigamos e submetemos à nossa disciplina com a superioridade de nosso valor e forças naturais; nem o seduzimos com nossa justiça e bondade; nem o subjugamos com nossa magnanimidade" (III, 6).

O contato com o Velho Mundo acelerará a evolução do Novo rumo à sua decrepitude, sem rejuvenescer a Europa, pois a história caminha em sentido único e a idade de ouro já ficou para trás. Não foi sua superioridade moral que conquistou o Novo Mundo, foi sua força bruta que o subjugou.

Montaigne acaba de ler os primeiros relatos da crueldade dos colonos espanhóis no México e de como destruíram selvagemente uma civilização admirável. Ele é um dos primeiros críticos do colonialismo.

10

Os pesadelos

Por que Montaigne se pôs a escrever os *Ensaios*? A explicação está num pequeno capítulo do primeiro livro, "Sobre a ociosidade", em que ele descreve as desventuras que se seguiram a seu afastamento em 1571:

"Recentemente, ao isolar-me em minha casa, decidido, tanto quanto puder, a não me imiscuir em outra coisa que não seja passar em descanso e apartado esse pouco que me resta de vida, parecia-me não poder fazer maior favor a meu espírito do que deixá-lo, em plena ociosidade, entreter a si mesmo, fixar-se e repousar em si; e esperava que daí em diante ele pudesse fazer isso mais facilmente, tornando-se, com o tempo, mais ponderado e mais maduro. Mas descubro – *variam semper dant otia mentem* [a ociosidade sempre torna inconstante o espírito (Lucano)] – que, ao contrário, imitando o cavalo fugido, ele dá a si mesmo cem vezes mais estrada do que corria por outrem; e engendra-me tantas quimeras e monstros fantásticos, uns sobre os outros, sem ordem nem propósito, que para examinar-lhes com vagar a inépcia e a estranheza comecei a escrever seu rol, esperando, com o tempo, fazê-lo envergonhar-se deles" (I, 8).

Montaigne está relatando a origem dos *Ensaios*, depois de renunciar ao cargo de conselheiro no Parlamento de Bordeaux, aos trinta e oito anos de idade. O que desejava, seguindo o modelo antigo, era o descanso estudioso, o lazer letrado, o *otium studiosun*, a fim de descobrir-se, de conhecer-se. Como Cícero, Montaigne considera que o homem não é verdadeiramente ele mesmo na vida pública, no mundo e na profissão, e sim na solidão, na meditação e na leitura. Coloca a vida contemplativa acima da vida ativa; ainda não é um daqueles modernos que julgarão que o homem se realiza em suas atividades, no *negotium*, no negócio, ou seja, na negação do *otium*, do lazer. Nessa ética moderna do trabalho que teve ligação com a ascensão do protestantismo, o *otium*, a ociosidade, perdeu seu valor supremo para tornar-se sinônimo de preguiça.

Mas o que diz Montaigne? Que na solidão, em vez de encontrar seu ponto fixo e a serenidade, encontrou a angústia e a inquietude. Essa doença espiritual é a melancolia, ou a acédia – a depressão que atingia os monges na hora da sesta, a hora da tentação.

A idade, pensava Montaigne, deveria ter-lhe dado gravidade, mas não: seu espírito agita-se em vez de concentrar-se, age como "cavalo fugido" – bela imagem –, corre em todos os sentidos, dispersa-se mais do que no tempo em que seu cargo de magistrado o oprimia. As "quimeras e monstros fantásticos" que se apossam de sua imaginação são pesadelos, tormentos, em vez da paz esperada, como num quadro de Jérôme Bosch representando *A tentação de santo Antônio*.

Então se pôs a escrever, diz ele. O objetivo de isolar-se não era a escrita, e sim a leitura, a reflexão, o recolhimento. A escrita foi inventada como um remédio, ou seja, um modo de acalmar a angústia, de domar os demônios. Montaigne decidiu-se a registrar as especulações que lhe passavam pela cabeça, a "escrever seu rol", como diz. O rol é o registro, o grande caderno das entradas e saídas. Montaigne decidiu fazer o balanço de seus pensamentos, de seus delírios, para pôr-lhes ordem, para recuperar o autodomínio.

Em resumo, procurando a sabedoria na solidão, Montaigne esteve a dois passos da loucura. Salvou-se, curou-se de suas fantasias e alucinações anotando-as. A escrita dos *Ensaios* deu-lhe o controle de si mesmo.

11

A boa-fé

Na hora de publicar os dois primeiros livros dos *Ensaios*, em 1580, Montaigne, seguindo o costume, precedeu-os de uma importante mensagem "Ao leitor":

"Está aqui um livro de boa-fé, leitor. Já de início ele te adverte que não me propus nenhum fim que não doméstico e privado. Nele não levei em consideração teu serviço nem minha glória: minhas forças não são capazes de tal intento."

Sem dúvida ele estava se curvando à convenção do prefácio. Habitualmente este assume a forma de uma declaração de humildade, e o autor se apresenta sob seu melhor aspecto aos leitores. Mas Montaigne também estava brincando com a tradição e subvertendo-a ao sugerir a grande originalidade de seu empreendimento.

De imediato, já no início de seu livro, ele destaca a qualidade humana essencial sobre a qual insistirá de uma ponta à outra dos *Ensaios*: a *fé*, a *boa-fé*. É inclusive a única virtude que reconhece em si mesmo; a seu ver, ela é fundamental, indispensável para o alicerce de todas as relações humanas. Trata-se da *fides* latina, que significa não só a fé, mas também a fidelidade, ou seja, o respeito à palavra dada, base de toda confiança. Fé, fidelidade, confiança e também confidência são uma coisa só: meu compromisso para com o outro, o momento em que dou minha palavra, em que me comprometo a manter a palavra dada.

E a boa-fé, a *bona fides* que Montaigne promete, é a ausência de malícia, de astúcia, de máscara, de logro; em suma, a honestidade, a lealdade, a garantia de conformidade entre a aparência e o ser, entre a camisa e a pele. No homem de boa-fé, no livro de boa-fé você pode ter confiança, você não será enganado.

Montaigne quer estabelecer com seu leitor uma relação de confiança, tal como ele mesmo sempre se comportou na vida, na ação. E a base de uma relação de confiança é a ausência de interesse, a gratuidade. Ele não pretende instruir o leitor nem erigir seu próprio monumento, num livro que não está destinado a sair do círculo das pessoas próximas: "Destinei-o ao benefício particular de meus parentes e amigos", diz em seguida, para que se lembrem dele depois que morrer e o reencontrem em seu livro. É por isso que se apresenta sem ornamentos:

"Se fosse para buscar o favor do mundo, eu me teria paramentado com belezas de empréstimo. Quero que me vejam aqui em minha maneira simples, natural e habitual, sem esmero nem artifício: pois é a mim que retrato."

Se as conveniências permitissem, ele se teria "de muito bom grado retratado de corpo inteiro e todo nu", como os índios do Brasil.

O livro se apresenta como um autorretrato, ainda que esse não fosse o projeto inicial de Montaigne, quando se retirou para suas terras. Nos capítulos mais antigos, ele não se descreve; mas pouco a pouco foi chegando ao estudo de si como condição da sabedoria e, depois, à descrição de si como condição do autoconhecimento. A exigência de um autorretrato foi a forma que assumiu para ele o ensinamento de Sócrates: "Conhece-te a ti mesmo."

Mas, se o livro foi um exercício espiritual, uma espécie de exame de consciência, se não visa nem à glória do autor nem à instrução do leitor, qual a necessidade de torná-lo público, de entregá-lo ao leitor? Montaigne admite: "Assim, leitor, sou eu mesmo a matéria de meu livro; não é sensato empregares teu lazer num assunto tão frívolo e tão vão." Fingindo afastar o leitor, ele o provoca: "Segue teu caminho, não percas teu tempo lendo-me." Sabe que não há modo melhor de tentá-lo.

12

O lastro

Devemos visualizar Montaigne a cavalo, primeiramente porque era assim que ele se deslocava, tanto nas proximidades de casa ou entre suas terras e Bordeaux como mais longe na França – em Paris, Rouen ou Blois – e na Suíça, na Alemanha, por ocasião de sua grande viagem a Roma em 1580; mas também porque em nenhum lugar se sentia melhor do que a cavalo, porque era assim que encontrava seu equilíbrio, seu lastro:

"[...] viajar me parece uma atividade proveitosa. A alma então se exercita continuamente em observar as coisas desconhecidas e novas. E, como já disse muitas vezes, não conheço melhor escola para formar a vida do que apresentar-lhe continuamente a diversidade de tantas outras vidas, ideias e usos, e fazê-la saborear uma tão constante variedade de formas de nossa natureza. O corpo não fica ocioso nem fatigado, e essa agitação moderada lhe mantém o fôlego. Permaneço montado sem apear, doente dos rins como sou, e sem me aborrecer com isso, oito a dez horas" (III, 9).

Primeiramente, viajar leva ao encontro da diversidade do mundo, e Montaigne não concebe educação melhor: a viagem demonstra a riqueza da natureza, prova a relatividade dos costumes e das crenças, desorganiza as certezas; em resumo, ensina o ceticismo, que é sua doutrina fundamental.

Em segundo lugar, Montaigne encontra um prazer físico particular na cavalgada, que alia movimento e estabilidade, dá ao corpo um balanço, um ritmo favorável à meditação. O cavalo libera do trabalho sem entregar à ociosidade, torna disponível para o devaneio. A equitação proporciona-lhe uma "agitação moderada" – bela aliança de termos para designar uma espécie de estado intermediário e ideal. Aristóteles pensava caminhando e ensinava perambulando; Montaigne encontra suas ideias cavalgando. Até mesmo esquece seus cálculos renais, as pedras nos rins e na bexiga.

Entretanto, como de hábito, ele admite que seu gosto pelas viagens, principalmente a cavalo, também pode ser interpretado como uma marca de indecisão e de impotência:

"Bem sei que, tomado à risca, esse prazer de viajar dá prova de inquietude e de irresolução. De fato, essas são nossas características mestras e predominantes. Sim, confesso: não vejo nada, nem mesmo em sonho e por desejo, a que possa agarrar-me. Só a variedade me satisfaz, e a posse da diversidade, pelo menos tanto quanto alguma coisa me satisfaz. É isso mesmo que me fortalece para viajar: posso me deter sem prejuízo e tenho como me desviar facilmente" (III, 9).

Gostar demais de viajar é mostrar incapacidade de deter-se, de decidir-se, de fixar-se; portanto, é não ter firmeza, preferir a inconstância à perseverança. Nisso, a viagem é para Montaigne uma metáfora da vida. Ele vive como viaja – sem objetivo, aberto às solicitações do mundo: "Os que correm atrás de um benefício ou de uma lebre não correm. [...] E a viagem de minha vida se conduz da mesma forma" (III, 9).

Assim, se lhe fosse dado escolher sua morte, "seria antes a cavalo do que numa cama", segundo diz no mesmo capítulo. Morrer a cavalo, em viagem, longe de casa e dos seus: Montaigne sonhava com isso. A vida e a morte a cavalo representam perfeitamente sua filosofia.

13

A biblioteca

A torre de Montaigne é uma das mais comoventes casas de escritor a ser visitadas na França – em Saint-Michel-de-Montaigne, na Dordonha, perto de Bergerac. Essa larga torre redonda do século XVI é tudo o que resta do castelo construído por seu pai, Pierre de Montaigne, e incendiado no final do século XIX. Nela Montaigne passava o máximo de tempo que podia; recolhia-se lá para ler, meditar, escrever; sua biblioteca era seu refúgio contra a vida doméstica e civil, contra a agitação do mundo e as violências da época.

"Em casa, afasto-me com um pouco mais de frequência para minha biblioteca, de onde facilmente governo minha propriedade. Estou acima da entrada e vejo abaixo meu jardim, meu galinheiro, meu pátio e o interior da maior parte dos cômodos da casa. Aqui, folheio ora um livro, ora outro, sem ordem e sem objetivo, em fragmentos desconexos; ora divago, ora registro e dito, caminhando, meus devaneios que aqui estão. Ela fica no terceiro pavimento de uma torre. O primeiro é minha capela; o segundo, um quarto e suas dependências, no qual me deito amiúde, para ficar só. Acima há um grande banheiro. Ela era no passado o lugar mais inútil de minha casa. Passo aqui tanto a maior parte dos dias de minha vida como a maior parte das horas do dia. Nunca permaneço à noite" (III, 3).

Dessa torre de canto Montaigne dominava sua propriedade, seguia do alto e de longe as atividades do pessoal da casa, mas principalmente se escondia para se encontrar, para estar consigo, como diz, no "regaço" de seus livros. Essa biblioteca é célebre pelas numerosas sentenças gregas e latinas que mandara escrever nas vigas, depois de afastar-se em 1571. Elas atestam a extensão de suas leituras – sagradas e profanas – e de sua filosofia desiludida. Naquelas traves, o Eclesiastes, *Per omnia vanitas*, "Tudo é vaidade", combinando a lição da Bíblia e a sabedoria da filosofia grega, resume perfeitamente sua concepção da vida.

Tocante é também o modo como apresenta suas ocupações, como se não contassem para nada: folhear um livro, e não ler; ditar seus devaneios, e não escrever; tudo isso sem planejamento, sem sequência nas ideias. Dizem-nos que a leitura linear, prolongada, contínua – na qual fomos iniciados – desaparece no mundo digital. Ora, Montaigne já – ou ainda – defendia uma leitura versátil, borboleteante, distraída, uma leitura de capricho e de caça furtiva, pulando sem método de um livro para outro, pegando aqui e ali aquilo que queria, sem se preocupar demais com as obras das quais tomava emprestado para guarnecer seu próprio livro. Este, Montaigne insiste, é produto do devaneio, não de um cálculo.

Um sentimento de intensa felicidade colore os momentos de lazer estudioso que passava em sua biblioteca. Um único melhoramento teria aumentado seu bem-estar: se houvesse um terraço, ele poderia pensar andando; mas recuou diante da despesa.

"[...] se eu temesse menos o incômodo do que a despesa – o incômodo que me afasta de todo trabalho –, poderia facilmente emendar em cada lado uma galeria com cem passos de comprimento e doze de largura, no mesmo nível, pois encontrei todas as paredes já erguidas para outro uso, na altura de que preciso. Todo local isolado requer um espaço onde perambularmos. Meus pensamentos dormem se os fizer sentar. Meu espírito não avança se as pernas não o agitarem. Os que estudam sem livro são todos assim" (III, 3).

Sempre essa ideia de que só em movimento é possível pensar bem.

14

Às leitoras

Montaigne optou por escrever os *Ensaios* em francês. Nos anos 1570 essa não era uma decisão óbvia. O autor explica-a mais tarde, em 1588, no capítulo "Sobre a vaidade":

"Escrevo meu livro para poucos homens e para poucos anos. Se fosse matéria para perdurar, seria preciso confiá-la a uma língua mais firme. Pela contínua variação que a nossa tem seguido até agora, quem pode esperar que sua forma atual esteja em uso daqui a cinquenta anos? Ela escapa diariamente de nossas mãos e metade já mudou desde que estou vivo. Dizemos que agora está perfeita. Cada século diz o mesmo da sua" (III, 9).

Montaigne rejeitou o latim, a língua erudita, a da filosofia e da teologia, em proveito da língua vulgar, a de todos os dias. Entretanto, por renunciar à língua monumental dos antigos, apresenta suas reflexões numa linguagem instável, cambiante, perecível, com risco de em breve tornar-se ilegível.

A intenção não parece ser de falsa modéstia: sou desprovido de toda e qualquer pretensão; não escrevo para os séculos futuros, mas para as pessoas de meu convívio. A justificativa não parece convencional, pois ao longo da vida Montaigne viu sua língua transformar-se, vivenciou sua mobilidade. Ele prevê que em breve as palavras com que se expressa serão irreconhecíveis. Stendhal, que em 1830 apostava que o leriam em 1880 ou 1930, após meio século ou mesmo um século, colocava suas expectativas de posteridade na perenidade do francês. Não há nada disso em Montaigne, que fala sério quando da evolução do francês durante sua vida deduz a improbabilidade de o lerem por muito tempo. Felizmente se enganou nesse ponto.

Aliás, poderia ter escolhido o latim ainda mais facilmente porque o aprendera já na primeira infância e, por assim dizer, como língua materna. Seu pai queria que ele a dominasse perfeitamente:

"[...] o expediente que [meu pai] encontrou foi que, na fase de aleitamento e antes de minha língua começar a soltar-se, ele me deixou aos cuidados de um alemão – que mais tarde morreu como médico famoso na França – totalmente ignorante de nossa língua e muito bem versado na latina. [...] Quanto ao restante da casa, era uma regra inviolável que nem ele próprio, nem minha mãe, nem criado, nem camareira dissessem em minha presença mais do que o tanto de palavras em latim que cada qual havia aprendido para conseguir falar comigo" (I, 25).

Se Montaigne, que falou o latim antes do francês, escreve em francês, é porque essa língua é a do leitor que ele quer ter. A língua na qual escreve é a do leitor para o qual escreve.

Em "Sobre versos de Virgílio", abordando um assunto ousado, sua sexualidade declinante, ele menciona seus leitores, ou melhor, suas leitoras, que o lerão às escondidas:

"Aborrece-me que meus *Ensaios* sirvam as mulheres apenas como adorno comum, e como adorno de sala. Este capítulo vai tornar-me da alcova. Gosto que o relacionamento com elas seja um pouco privado: em público não tem favor nem sabor" (III, 5).

Se Montaigne decidiu escrever em francês, é justamente porque os leitores com que sonha são mulheres, menos familiarizadas com as línguas antigas do que os homens.

Vocês dirão que ele não hesita em rechear seu livro com citações dos poetas latinos, como em "Sobre versos de Virgílio", para expor o mais íntimo de si mesmo. É verdade: uma contradição, e não é a única.

15

Guerra e paz

Numerosas passagens dos *Ensaios* dão-nos uma ideia da vida cotidiana em tempos de guerra – de guerra civil, a pior das guerras, em que um homem nunca tem certeza de despertar amanhã como homem livre e em que entrega seu destino ao acaso, contando com a boa sorte para sobreviver. Assim, no capítulo "Sobre a vaidade":

"Mil vezes em minha casa fui deitar-me imaginando que naquela noite me atraiçoariam e acabariam comigo, e negociando com a fortuna para isso acontecer sem pavor e sem prolongar-se. E bradei, após meu padre-nosso: *Impius haec tam culta novalia miles habebit?* [Então é um soldado ímpio que terá estas terras tão bem cultivadas? Virgílio]" (III, 9).

Antes de dormir, Montaigne confia sua sorte conjuntamente à divindade pagã da Fortuna e ao

Deus cristão do padre-nosso, sem deixar de citar Virgílio para reconciliá-los. Sabe que não controla seu destino, que não depende dele sua casa ser preservada. Mas, constata, habituamo-nos à guerra como a tudo:

"Que remédio! Este é o lugar de meu nascimento e da maioria de meus antepassados; eles puseram aqui sua afeição e seu nome. Empedernimo-nos para tudo a que nos habituamos. E, numa situação miserável como é a nossa, foi um presente muito favorável da natureza o hábito, que entorpece nosso sentimento para que suportemos muitos males. As guerras civis têm isto de pior que as outras guerras: colocar cada um de nós de sentinela em sua própria casa. [...] É uma situação extrema ser atormentado até dentro do lar e no sossego doméstico. O lugar onde estou é sempre o primeiro e o último para o assédio de nossos distúrbios, e no qual a paz nunca tem a face intacta" (III, 9).

Montaigne volta com frequência a essa sensação de insegurança que sofre até mesmo em casa, no abrigo frágil de sua morada, e também à maneira como nos habituamos a viver na incerteza. Essa banalidade da guerra aparece muitas vezes ao longo dos *Ensaios*: o ordinário da guerra, por assim dizer, não os combates, mas o restante, os arranjos de todos os dias para ir vivendo apesar de tudo; por exemplo, os dos camponeses, tão sábios ante os desastres da guerra quanto ante as devastações da peste.

Muitos pequenos capítulos antigos dos *Ensaios* dizem respeito a uma arte da guerra: "Se o chefe de uma praça sitiada deve sair para parlamentar" (I, 5), "A perigosa hora das conversações" (I, 6). Mas, à medida que avançamos no livro, vamos encontrando principalmente, elaborada com pequenos toques, uma ética da vida diária em tempo de guerra: como comportar-se com os amigos e os inimigos? Como se manter honesto nas mais hostis circunstâncias? Como permanecer fiel a si mesmo quando tudo ao redor é continuamente subvertido? Como preservar a liberdade de movimento? Os *Ensaios* dão uma infinidade de conselhos esparsos, resumidos nesta bela frase: "Toda minha pobre prudência, nestas guerras civis em que estamos, empenha-se para que elas não interrompam minha liberdade de ir e vir" (III, 13). Está no capítulo "Sobre a experiência", o último dos *Ensaios*, resumindo o que eles ensinam. Como conservar a liberdade em tempo de guerra, pois para Montaigne não existe um bem que seja superior à liberdade?

Assim, os *Ensaios* propõem uma arte não tanto da guerra ou da paz, mas mais da paz em tempo de guerra, da vida em paz durante a pior das guerras.

16

O amigo

O grande caso na vida de Montaigne foi o encontro com Étienne de La Boétie, em 1558, e a amizade que se seguiu, até a morte de La Boétie em 1563. Alguns anos de intimidade, depois uma perda da qual Montaigne nunca se recuperou. Ele relatou a agonia do amigo numa longa e comovente carta a seu pai. Mais tarde, o primeiro livro dos *Ensaios* foi concebido como um monumento ao amigo desaparecido: seu *Discurso sobre a servidão voluntária* deveria estar exatamente no meio, no "lugar mais belo", ao passo que as páginas de Montaigne seriam apenas "grutescos", pinturas decorativas que servem para realçar a obra-prima (I, 27). Se teve de desistir desse projeto, foi porque o discurso de La Boétie – em defesa da liberdade contra os tiranos – havia sido publicado na forma de um panfleto protestante.

Montaigne substituiu-o por um elogio à amizade na grande tradição de Aristóteles, Cícero e Plutarco.

"[...] o que costumamos chamar de amigos e amizades são apenas contatos e convivências entabulados devido a alguma circunstância ou conveniência pela qual nossas almas se mantêm juntas. Na amizade de que falo, elas se mesclam e se confundem uma na outra, numa fusão tão grande que desfazem e não mais encontram a costura que as uniu. Se me pressionarem para dizer por que o amava, sinto que isso só pode ser expresso respondendo: porque era ele, porque era eu" (I, 27).

Montaigne contrapõe a amizade, mais moderada e constante, ao amor pelas mulheres, mais febril e volúvel; distingue-a também do casamento, comparável a uma transação comercial restringindo a liberdade e a igualdade. Essa desconfiança com relação às mulheres reaparece em "Sobre três relacionamentos", que compara o amor e a amizade com a leitura. A amizade é para ele a única ligação realmente livre entre dois indivíduos, ligação inconcebível sob uma tirania. É um sentimento sublime – pelo menos não a amizade comum, e sim a amizade ideal que une duas grandes almas a ponto de não se poder mais distingui-las.

Resta-lhe um mistério inexplicável em sua amizade com La Boétie: "Porque era ele, porque era eu." Montaigne levou muito tempo para cunhar essa fórmula memorável, ausente das edições de 1580 e 1588 dos *Ensaios*, que paravam na constatação do enigma. Primeiro, acrescentou na margem de seu exemplar dos *Ensaios*: "Porque era ele"; depois, num segundo momento e com outra tinta, "porque era eu". Para tentar explicar esse "amor à primeira vista":

"Para além de todo meu discurso e do que posso dizer particularmente sobre isso, existe não sei que força inexplicável e inelutável, mediadora dessa união. Nós nos procurávamos antes de nos conhecermos, e por informações que um ouvia sobre o outro, que faziam em nossa disposição de espírito mais efeito do que o ouvir dizer habitual, creio que por alguma ordem do céu. Abraçávamo-nos por nossos nomes. E em nosso primeiro encontro, que aconteceu por acaso, numa grande festa pública e em numerosa companhia, vimo-nos tão presos, tão conhecidos, tão comprometidos entre nós que desde então nada nos foi tão próximo como um para o outro" (I, 27).

Montaigne e La Boétie estavam predestinados um ao outro antes de se conhecer. Sem dúvida Montaigne idealiza a amizade de ambos. Bem mais tarde, evidentemente pensando em seu amigo, ele reconhecerá que não teria escrito os *Ensaios* se houvesse conservado um amigo a quem escrever cartas (I, 39). Devemos os *Ensaios* a La Boétie, à sua presença e, depois, à sua ausência.

17

O romano

Montaigne é um homem do Renascimento, familiarizado com Erasmo; este, animado por uma bela fé humanista, acreditava na superioridade da pena sobre a espada e, na *Querela pacis*, defendia que as letras fizessem calar as armas e trouxessem paz ao mundo. Não há nada disso em Montaigne, tão cético sobre o poder das letras quanto sobre os benefícios da instrução do príncipe cristão, ou ainda sobre a possibilidade de um negociador obter a paz graças à sua força de persuasão. Sua experiência não o incentiva a concordar com o lugar-comum que diz que a espada cederá ante a pena ou a toga – *Cedant arma togae*, como dizia Cícero no *De officiis*.

Pois Montaigne desconfia das palavras e da retórica. No final do capítulo "Sobre o pedantismo", ele contrapõe as duas cidades gregas: Atenas, onde apreciam os belos discursos; e Esparta, onde preferem a ação à fala. Entre as duas, assume firmemente o partido de Esparta, retomando a seu modo outro lugar-comum: o enfraquecimento dos indivíduos e da sociedade pela cultura:

"[...] o estudo das ciências mais amolece e efemina os ânimos do que os torna firmes e aguerridos. Atualmente o Estado mais forte que aparece no mundo é o dos turcos, povos igualmente formados na valorização das armas e no menosprezo pelas letras. Acho Roma mais valente antes de tornar-se culta" (I, 24).

Não há dúvida: Montaigne associa a decadência de Roma ao desenvolvimento das artes, das ciências e das letras, ao refinamento de sua civilização.

"As nações mais belicosas de nossos dias são as mais grosseiras e ignorantes. Os citas, os partas, Tamerlão dão-nos prova disso. Quando os godos devastaram a Grécia, o que salvou todas as bibliotecas de serem lançadas ao fogo foi um deles, que espalhou a ideia de que deviam deixar para os inimigos todos aqueles bens móveis, próprios para desviá-los do exercício militar e distraí-los em ocupações sedentárias e ociosas. Quando nosso rei Carlos VIII, quase sem tirar a espada da bainha, se viu dono do reino de Nápoles e de boa parte da Toscana, os senhores de seu séquito atribuíram aquela inesperada facilidade de conquista ao fato de os príncipes e a nobreza da Itália cuidarem mais de se tornar engenhosos e cultos do que vigorosos e guerreiros" (I, 24).

Montaigne acumula exemplos – os turcos, os godos, os franceses sob Carlos VIII – mostrando que a força de um Estado é inversamente proporcional à sua cultura e que um Estado erudito demais está ameaçado de ruína. Não é um humanista ingênuo, entusiasta da república das letras; continua a ser um homem de ação, sensível ao apequenamento das nações pelas letras. Em suma, é mais romano do que humanista, chegando por vezes a elogiar a ignorância arcaica: "A antiga Roma parece-me ter possuído virtudes de maior valor, tanto para a paz como para a guerra, do que aquela Roma erudita que arruinou a si mesma" (II, 12).

Assim, não encontraremos em Montaigne nenhuma complacência excessiva pelas letras, e sim a permanência aristocrática da superioridade das armas, da "ciência de obedecer e de comandar" (I, 24). A arte da paz não é a retórica, e sim a força, que mais dissuade do que persuade.

18

Para que mudar?

Montaigne desconfiava da novidade. Duvidava que ela pudesse melhorar o estado do mundo. Não encontraremos nos *Ensaios* os princípios da doutrina do progresso que florescerá no Século das Luzes. O capítulo "Sobre a vaidade" desacredita todo e qualquer projeto de reforma:

"Nada oprime um Estado como a inovação: a mudança apenas dá forma à injustiça e à tirania. Quando alguma parede se desalinha, podemos escorá-la; podemos impedir que a alteração e degradação natural a todas as coisas nos afastem demais de nossos fundamentos e princípios. Mas aventurar-se a reformar uma tão grande massa e a mudar os alicerces de um edifício tão grande é próprio daqueles que para limpar apagam, que querem corrigir os defeitos particulares com uma confusão universal e curar os doentes com a morte" (III, 9).

Evidentemente, quando diz inovação ou novidade, Montaigne pensa antes de tudo na Reforma protestante e nas guerras civis que a seguiram; pensa também no descobrimento da América e no desequilíbrio que criou no universo, acelerando sua ruína. Para ele a Idade de Ouro ficou para trás, nos "fundamentos e princípios", e toda mudança é perigosa, vã. "Mais vale um pássaro na mão do que dois voando", ou mesmo "O pior nunca falha".

Pretender transformar o estado das coisas é assumir o risco de agravá-lo em vez de melhorá-lo. O ceticismo de Montaigne leva-o ao conservadorismo, à defesa dos costumes e das tradições, todos igualmente arbitrários, mas que não adianta derrubarmos se não tivermos certeza de poder fazer melhor. Portanto, inovar para quê? Foi por isso que ele não gostou que a dissertação de seu amigo La Boétie sobre a "servidão voluntária" – defendendo que a desobediência civil bastaria para derrubar um monarca – tenha sido deturpada como um panfleto antimonarquista. Como todo melancólico, Montaigne enaltece os "efeitos perversos" de toda reforma, como se diz hoje.

Ele sem dúvida exagera ao fazer da mudança a única responsável pela injustiça e pela tirania no mundo, mas contra a inovação ou a reestruturação radical defende convictamente a reparação ou restauração do estado antigo. Nele, nenhuma religião do novo; muito ao contrário. Para pensar a sociedade, usa novamente a metáfora orgânica do Estado, visto como o corpo humano, segundo a imagem do microcosmo e do macrocosmo. Ora, Montaigne desconfia acima de tudo da medicina. Os reformadores são como os médicos, que a pretexto de curar causam a morte.

"O mundo é inapto para curar-se; é tão incapaz de suportar o que lhe pesa que visa apenas a desoprimir-se, sem olhar a que preço. Vemos por mil exemplos que ele costuma curar-se à própria custa: descarregar-se do mal em questão não é cura se não houver globalmente melhora de situação" (III, 9).

As doenças são nosso estado natural. Precisamos aprender a viver com elas sem pretender erradicá-las. Montaigne detesta os agitadores, todos esses aprendizes de feiticeiro que prometem ao povo dias melhores. Não dando razão nem à Reforma protestante nem à Liga católica, Montaigne, que não é um dogmático, e sim um jurista, um político, coloca a estabilidade do Estado e o Estado de direito acima das brigas doutrinais. Isso faz dele um legitimista, até mesmo um imobilista. Os humanistas ainda não são homens das Luzes, e Montaigne não é um moderno.

19

O outro

O diálogo entre Montaigne e os outros, como um jogo de espelhos, é um dos aspectos mais originais dos *Ensaios*. Se Montaigne se olha nos livros, se os comenta, não é para valorizar-se, mas porque se reconhece neles: "Digo os outros somente para assim me dizer mais", observa no capítulo "Sobre a educação das crianças" (I, 25).

Montaigne está indicando que os outros lhe proporcionam um desvio para chegar a si mesmo. Se os lê e os cita, é porque lhe permitem conhecer-se melhor. Mas voltar-se para si mesmo é também um desvio para chegar ao outro; o conhecimento de si preludia um retorno ao outro. E constata que, tendo aprendido a conhecer-se graças aos outros, conhece melhor os outros; compreende-os melhor do que eles compreendem a si mesmos:

"Essa longa atenção que emprego em examinar-me treina-me para também julgar razoavelmente sobre os outros, e há poucas coisas de que eu fale com mais êxito e de modo mais aceitável. Com frequência me acontece ver e distinguir os modos de ser de meus amigos com mais exatidão do que eles mesmos o fazem" (III, 13).

A convivência com o outro conduz ao encontro de si, e o conhecimento de si conduz de volta ao outro. Montaigne, bem antes dos filósofos modernos, havia captado a dialética do si e do outro: para viver uma vida moral é preciso ver *O si-mesmo como um outro*, dirá o título de um livro de Paul Ricœur. O afastamento de Montaigne nunca foi uma recusa dos outros, e sim um meio de melhor voltar a eles. Não houve em sua vida duas partes, a primeira ativa e a segunda ociosa, e sim intermitências, momentos de recolhimento e de meditação, seguidos de retornos refletidos à vida civil e à ação pública.

É assim que somos tentados a entender esta soberba frase do último capítulo dos *Ensaios*: "As palavras são metade de quem fala e metade de quem as ouve" (III, 13). Pela complementaridade entre o eu e o outro, que Montaigne frequentemente exalta, o falar, desde que seja um falar verdadeiro, é partilhado entre os interlocutores, e o outro fala através de mim.

Entretanto, temos de ser prudentes na interpretação desse belo pensamento e evitar idealizá-lo. De fato, a sequência poderia dar ao jogo da fala um sentido menos amigável, menos cooperativo e mais agressivo, mais competitivo: "Este deve preparar-se para recebê-la de acordo com o movimento que ela faz – como, entre os que jogam pela, quem recebe recua e se prepara conforme vê mover-se quem lhe faz o lançamento e de acordo com a forma do lançamento" (III, 13).

Montaigne compara a conversação ao jogo de pela; portanto, a uma competição, um confronto em que um ganha e o outro perde, em que são adversários, rivais. Portanto, não nos enganemos. Não se trata de um colocar-se ao alcance do outro, e sim de o outro levar em conta o um. No capítulo "Sobre a arte da conversação", Montaigne admite que tem dificuldade em dar razão a um interlocutor. Mas, para que as trocas sejam belas, como no jogo de pela, cada qual deve fazer sua parte.

Assim, Montaigne oscila entre uma concepção da fala como diálogo ou como duelo. Entretanto, é a confiança que vence, por exemplo, nesta generosa sentença do capítulo "Sobre o útil e o honesto": "Uma fala aberta abre outra fala e a atrai para fora, como fazem o vinho e o amor" (III, 1).

20

Sobrepeso

De uma edição para outra, os *Ensaios* engordaram muito: seu volume ampliou-se bastante. Ao reler-se, Montaigne, até falecer, nunca parou de acrescentar citações e desdobramentos nas margens de seu exemplar. Ele comenta essa prática no capítulo "Sobre a vaidade", justamente num acréscimo tardio do terceiro livro:

"Meu livro é sempre o mesmo. Exceto que, à medida que se põem a renová-lo [reeditá-lo], para que o comprador não saia com as mãos totalmente vazias permito-me encaixar-lhe (pois não passa de marchetaria mal colada) algum ornamento excedente. São apenas sobrepesos que não condenam a primeira forma, mas dão um valor particular a cada uma das seguintes, por uma pequena sutileza ambiciosa" (III, 9).

Montaigne lança um olhar retrospectivo sobre sua obra e a ironia é evidente: ele fala de seus acréscimos como se fosse um dono de loja, e do leitor como de um cliente que ele procurasse atrair enriquecendo os artigos que põe à venda, renovando sua mercadoria. Montaigne zomba de si mesmo e de sua obra ao comparar-se com um artesão: além disso, seu livro é apenas uma junção de pedaços justapostos, um mosaico de peças descombinadas, uma variedade disparatada que nada o impede de estender indefinidamente, de acordo com as circunstâncias.

"Ornamento excedente", "pequena sutileza ambiciosa": os termos de Montaigne para designar esse "sobrepeso" são ambíguos, um pouco preciosistas, simultaneamente concretos e abstratos. Mesmo assim, atestam sua incerteza quanto ao sentido dessa escrita em expansão, assunto ao qual volta com frequência. Em outro lugar (II, 37) ele diz que acrescenta mas não corrige – o que não é bem verdade, mas previne o leitor de que poderá deparar não só com complementos excêntricos, mas também com prolongamentos dissonantes ou contraditórios. Os acréscimos são fortuitos; dependem de alguma descoberta casual, feita num livro ou na vida. Acima de tudo, não se deveria considerá-los uma melhora ou uma evolução, nem do homem nem da obra, como Montaigne tem o cuidado de esclarecer:

"Meu entendimento não caminha sempre para a frente, caminha também para trás. Não desconfio menos de minhas ideias por serem segundas ou terceiras em vez de primeiras, ou atuais em vez de passadas. Amiúde nos corrigimos tão tolamente como corrigimos os outros. Envelheci numerosos anos desde minhas primeiras publicações, que foram no ano de mil quinhentos e oitenta. Mas duvido que esteja sequer uma polegada mais sábio. Eu agora e eu daqui a pouco somos dois; quando melhor, isso não sei dizer" (III, 9).

O ceticismo de Montaigne é extremo: a primeira redação dos *Ensaios* não era inferior; a idade não contribui para a sabedoria; os novos desdobramentos do livro não são mais confiáveis. E o paradoxo é evidente: "Eu agora e eu daqui a pouco somos dois", afirma, mas mantém que "meu livro é sempre o mesmo". Essa é uma contradição que ele assume: sem dúvida sou inconstante, estou continuamente mudando, mas me reconheço na diversidade e na totalidade de minhas ações e meus pensamentos. Assim, pouco a pouco Montaigne chegará a identificar-se totalmente com seu livro: "Não fiz meu livro mais do que meu livro me fez. Livro consubstancial a seu autor" (II, 18) e "quem toca um toca o outro" (III, 2). O homem e o livro são uma coisa só.

21

A pele e a camisa

Montaigne foi um homem político, um homem engajado, como já lembrei; mas sempre cuidou de não se envolver demais, de manter alguma distância, de olhar-se agindo, como se estivesse no teatro. É o que ele explica no capítulo "Sobre poupar a vontade", do terceiro livro dos *Ensaios*, após sua experiência como prefeito de Bordeaux:

"A maioria de nossas ocupações são farsescas. *Mundus universus exercet histrionam* [O mundo inteiro representa uma comédia. Petrônio]. Devemos desempenhar devidamente nosso papel, mas como papel de um personagem postiço. Da máscara e da aparência não devemos fazer uma essência real, nem do que nos é alheio algo pessoal. Não sabemos distinguir entre a pele e a camisa. Já é suficiente empoar o rosto sem empoar o peito" (III, 10).

O mundo é um teatro: Montaigne desenvolve aqui um lugar-comum, habitual desde a Antiguidade. Somos atores, máscaras; portanto, não devemos nos ver como personagens. Devemos agir com consciência, cumprir nossos deveres, mas não confundir nossas ações e nosso ser; devemos manter uma margem entre nosso foro interior e nossos assuntos externos.

Estaria Montaigne nos dando uma aula de hipocrisia? Adolescente, eu pensava isso ao ler os *Ensaios* pela primeira vez, e desconfiava desse tipo de distinção sutil. Os jovens sonham com a sinceridade, com a autenticidade e, portanto, com uma perfeita identidade, uma transparência ideal entre o ser e o parecer. Assim, Hamlet denuncia as maneiras da corte e rejeita todo e qualquer meio-termo. Ele brada diante da rainha, sua mãe: *I know not "seems"* – "Não conheço o parece".

Depois vamos descobrindo que mais vale os poderosos não se levarem muito a sério, não se colarem inteiramente à sua função, saberem conservar algum senso de humor ou de ironia. É um pouco o que a Idade Média havia teorizado na doutrina dos dois corpos do rei: de um lado o corpo político e imortal, do outro o corpo físico e mortal. O soberano não deve confundir sua pessoa e seu cargo; tampouco deve duvidar demais do emprego que tem, com risco de comprometer sua autoridade, como outro herói de Shakespeare, Ricardo II, rei consciente demais de desempenhar um papel e rapidamente derrubado.

Montaigne prefere lidar com homens que, para falarmos com simplicidade, não são cheios de si:

"Vejo homens que se transformam e se transubstanciam em tantas novas figuras e tantos novos seres quantos cargos assumem, que se fazem prelados até o fígado e os intestinos, e levam seu cargo até para o banheiro. Não posso ensiná-los a distinguir entre as barretadas que se destinam a eles e as que se destinam a seu cargo, ou a seu séquito, ou à sua mula. *Tantum se fortunae permittunt, etiam ut naturam dediscant* [Entregam-se tanto à fortuna que esquecem sua natureza. Quinto Cúrcio]. Inflam e aumentam a alma e o raciocínio natural até a altura de seu assento magistral. O prefeito e Montaigne sempre foram dois, por uma separação muito clara" (III, 10).

Se Montaigne, quando prefeito, não bancou o Importante – como dizia o filósofo Alain –, nem por isso deixou de exercer todas as prerrogativas de seu cargo com firmeza, ao contrário do que podemos pensar se o tomarmos ao pé da letra.

Quando ele pede que isolemos o ser do parecer, não está fazendo nenhum elogio da hipocrisia, e sim uma exigência de lucidez e, antes de Pascal, um alerta contra o autoengano.

22

A cabeça benfeita

Em todos os debates sobre a escola, não demoram a convocar Rabelais e Montaigne: Rabelais que, segundo a carta de Pantagruel a seu filho Gargântua, queria que este se tornasse um "poço de ciência"; e Montaigne, que preferia um homem de "cabeça benfeita" em vez de "bem cheia". Aí estão resumidos, e contrapostos, os dois objetivos de toda pedagogia: de um lado conhecimentos e do outro competências, para empregar a terminologia de hoje. Montaigne já protestava contra o "abarrotamento das cabeças" pela escola nos capítulos "Sobre o pedantismo" e "Sobre a educação das crianças", do primeiro livro dos *Ensaios*:

"Na verdade, os cuidados e a despesa de nossos pais visam apenas a encher-nos a cabeça de ciência; sobre o discernimento e a virtude pouco se fala. Proclamai a nosso povo, sobre um passante: 'Oh, que homem sábio!' E sobre outro: 'Oh, que homem bom!' Eles não deixarão de voltar os olhos e o respeito para o primeiro. Seria preciso um terceiro pregoeiro: 'Oh, que cabeças estúpidas!' Costumamos perguntar: 'Ele sabe grego ou latim? Escreve em verso ou em prosa?' Mas, se ele se tornou melhor ou mais ponderado, era o principal e é o que fica para trás" (I, 24).

Montaigne recrimina o ensino de sua época. O Renascimento afirma que rompeu com a obscuridade da Idade Média e recuperou a literatura antiga, mas continua a privilegiar a quantidade da instrução em detrimento da qualidade de sua assimilação. À ciência pela ciência Montaigne contrapõe a sabedoria. Denuncia a perversidade de uma educação enciclopédica para a qual os conhecimentos se tornam um objetivo em si, quando na verdade o saber importa menos do que o que fazemos com ele, o saber-fazer e o saber-viver. Respeitamos os homens eruditos em vez de admirarmos os homens sábios. E Montaigne vai mais fundo:

"Seria preciso perguntar quem sabe melhor, e não quem sabe mais. Trabalhamos apenas para encher a memória e deixamos o entendimento e a consciência vazios. Assim como às vezes as aves vão em busca do grão e o trazem no bico sem experimentá-lo, para dar o bocado a seus filhotes, assim nossos pedagogos vão catando a ciência nos livros e mal a acomodam na beira dos lábios, para simplesmente vomitá-la e lançá-la ao vento" (I, 24).

Voltarei a falar da desconfiança de Montaigne com relação à memória. Ele frequentemente se desculpa por não tê-la, mas, no fundo, está bem contente com isso, pois a memória não é nenhum trunfo quando serve para economizar julgamento. Ele compara a leitura, toda instrução, com a digestão. As lições, como os alimentos, não devem ser recebidas sem apetite e engolidas cruas, e sim mastigadas lentamente, ruminadas no estômago, a fim de alimentar com sua substância a mente e o corpo. Senão, são regurgitadas como um alimento estranho. A educação, segundo Montaigne, visa à apropriação dos saberes: a criança deve torná-los seus, transformá-los em seu juízo.

O debate sobre a missão da escola não se encerrou. Mas, para resumir os posicionamentos, não seria correto contrapor depressa demais o liberalismo de Montaigne ao enciclopedismo de Rabelais. Primeiramente, se a carta de Pantagruel a Gargântua propunha um esquema exaustivo e excessivo, é porque fora feito para um gigante. Em segundo lugar, a carta prosseguia com este conselho que Montaigne não teria repudiado: "Ciência sem Consciência nada mais é que a ruína da alma." A consciência, ou seja, a honestidade, a moralidade, é realmente o objetivo final de todo ensino. É o que resta quando já digerimos, quando já esquecemos quase tudo.

23

Um filósofo fortuito

Montaigne não confiava na educação excessivamente escolar, como acabo de dizer. De acordo com a grande polaridade que comanda todo o pensamento dos *Ensaios* – a oposição entre a *natureza* e a *arte*, entre a boa natureza e o mau artifício –, a cultura tem grandes possibilidades de afastar da natureza em vez de revelá-la a si mesma. Por isso ele costuma mencionar que suas leituras não o desviaram de sua própria natureza, mas, ao contrário, o levaram a descobri-la.

"Meus costumes são naturais: para formá-los não pedi auxílio a ciência alguma. Porém, por mais tolos que sejam, quando me assaltou o desejo de narrá-los e, para trazê-los a público um pouco mais decentemente, vi-me no dever de sustentá-los com discursos e exemplos, para mim mesmo foi espantoso descobri-los casualmente conformes com tantos exemplos e discursos filosóficos. Só aprendi de qual regimento era minha vida depois de estar cumprida e aplicada. Nova figura: um filósofo não premeditado e fortuito" (II, 12).

Fórmula soberba (na "Apologia de Raymond Sebond") essa definição, ao mesmo tempo muito modesta e muito ambiciosa, de uma ética pessoal. Montaigne nos diz duas coisas fundamentais. Primeiramente, que se fez sozinho, que suas leituras, os conhecimentos não o transformaram nem o degeneraram, que seus costumes – ou seja, seu caráter, sua conduta, suas qualidades morais – são realmente seus e não foram copiados de modelos alheios. Em segundo lugar, que, quando alguém se põe a escrever, contar, falar de si "com exemplos e discursos" – ou seja, casos e reflexões sobre esses casos –, mais tarde se reconhece nos livros. Ele nos diz que foi escrevendo, descrevendo-se, que compreendeu não só quem era, mas de qual "regimento", de qual grupo ou escola se sentia mais próximo. Em resumo, não escolheu tornar-se estoico, cético ou epicurista – as três filosofias às quais costumam associá-lo –, e sim reconheceu, depois de sua vida passar, que seus comportamentos tinham sido naturalmente conformes com as doutrinas de uns ou de outros. Por acaso e de forma improvisada, sem projeto nem deliberação.

É por isso que seria errôneo explicar Montaigne por sua adesão a esta ou àquela escola filosófica da Antiguidade. Ele odeia a autoridade. Quando invoca um autor, é para indicar uma descoberta acidental; e, se omite o nome de um autor que cita, é para que seu leitor aprenda a desconfiar de todo argumento de autoridade, como confidencia no capítulo "Sobre os livros":

"Não conto meus empréstimos; eu os avalio. E, se desejasse fazê-los valer pelo número, me sobrecarregaria com o dobro. São todos, ou quase todos, de nomes tão famosos e antigos que me parecem identificar-se suficientemente sem mim. Nos raciocínios, comparações e argumentos, se transplanto algum para meu solo e misturo-o com os meus, propositalmente escondo seu autor. [...] Quero que deem um piparote no nariz de Plutarco pelo meu nariz e inflamem-se injuriando Sêneca em mim" (II, 10).

Se Montaigne dissimula alguns de seus empréstimos, é para evitar que seu leitor se curve ante o prestígio dos antigos, para que ouse refutar a autoridade deles como se permite contestar a de Montaigne.

24

Uma lição trágica

Durante a revolta contra a gabela, em Guyenne, depois que Henrique II restabeleceu o imposto sobre o sal, Tristan de Moneins, lugar-tenente do rei de Navarra, enviado a Bordeaux para impor a ordem, foi morto pelos amotinados em 21 de agosto de 1548. E Montaigne assistiu a esse acontecimento memorável; seu pai, Pierre Eyquem, era então jurado – magistrado municipal; ele próprio era um rapaz de quinze anos.

"Em minha infância, vi um fidalgo, comandante em uma grande cidade, pressionado pela revolta de uma multidão furiosa. Para extinguir aquele início de distúrbio, ele tomou a decisão de sair de um lugar muito seguro onde estava e dirigir-se à turba amotinada; deu-se mal com isso, sendo miseravelmente morto" (I, 23).

Foi uma carnificina horrível: o governador foi sangrado, esfolado, retalhado, "salgado como um pedaço de boi". Segundo um relato contemporâneo, "juntando a zombaria à crueldade, eles fizeram cortes em vários lugares do corpo de Moneins e encheram-no de sal, para marcar que era por ódio à gabela que tinham se revoltado". O choque foi inesquecível para o rapaz.

Se Moneins foi executado, considera Montaigne no capítulo "Diversas decorrências da mesma atitude", do primeiro livro, foi por causa de sua irresolução diante da multidão enfurecida:

"[...] não me parece que seu erro tenha sido tanto o de ter saído – como geralmente lhe criticam ao lembrá-lo –, como o de ter adotado um caminho de submissão e frouxidão, e ter pretendido acalmar aquela fúria seguindo em vez de guiar e pedindo em vez de repreender" (I, 23).

Segundo Montaigne, Moneins, devido a seu comportamento, foi responsável pelo destino que teve. Seguiu-se uma terrível repressão em Bordeaux: privação dos privilégios da cidade, suspensão dos jurados, inclusive de Pierre Eyquem, destituição de Geoffroy de La Chassaigne, avô da futura esposa de Montaigne. O episódio marcou-o para sempre e ensinou-lhe uma lição da qual se lembrou quando, sendo prefeito de Bordeaux, também precisou enfrentar uma multidão hostil. Aconteceu em maio de 1585, no final de seu segundo mandato, num momento de viva tensão entre os católicos da Liga e os magistrados municipais. Apesar dos temores de uma insurreição, ele decidiu proceder à revista anual da burguesia armada:

"Deliberava-se sobre fazer uma revista geral de diversas tropas em armas (é a oportunidade para vinganças secretas, e não há onde se possa exercê-las com mais segurança). [...] Expuseram-se diversas opiniões, como em uma escolha difícil que tinha muito peso e consequência. A minha foi que acima de tudo evitássemos dar qualquer demonstração desse receio, comparecêssemos e nos misturássemos às fileiras, cabeça erguida e semblante aberto [...]. Isso serviu de testemunho de confiança para aquelas tropas suspeitas e gerou dali em diante uma confiança mútua e proveitosa" (I, 23).

Enquanto Moneins se mostrara hesitante, Montaigne atribui seu próprio sucesso à segurança e confiança que demonstrou no perigo, à sua retidão e abertura. Sem vangloriar-se de modo algum, ele conta como tomou uma decisão difícil. Não diz expressamente que pensou na cena trágica que presenciara cerca de quarenta anos antes.

Mas, como os dois relatos vêm um depois do outro, isso fica evidente. É raro, nos *Ensaios*, depararmos com momentos vividos com tanta intensidade, gravidade – e simplicidade.

25

O livro

No capítulo "Sobre três relacionamentos", Montaigne compara os três gêneros de convivência que ocuparam a mais bela parte de sua vida: as "mulheres belas e honestas", as "amizades raras e refinadas" e por fim os livros, que considera mais proveitosos, mais salutares que as duas primeiras ligações:

"Esses dois relacionamentos [o amor e a amizade] são fortuitos e dependentes de outrem. Um é difícil por sua raridade, o outro murcha com a idade; assim, ambos não atenderam suficientemente às necessidades de minha vida. O dos livros, que é o terceiro, é muito mais seguro e mais nosso. Cede aos primeiros as outras vantagens, mas, por sua vez, tem a constância e a facilidade de seu serviço" (III, 3).

Depois da morte de La Boétie, Montaigne não conheceu mais nenhuma amizade verdadeira e lamenta em outro lugar (no capítulo "Sobre versos de Virgílio") a diminuição de seu vigor amoroso. Sem dúvida esses dois tipos de intimidade causam arrebatamentos mais febris, sensações mais veementes, porque se dão no contato com o outro; mas são também mais efêmeros, mais imprevisíveis, menos contínuos. Já a leitura oferece a vantagem da paciência e da permanência.

Esse paralelo entre o amor, a amizade e a leitura, que comporiam uma espécie de gradação, pode ter colidido. Assim, a leitura, que exige solidão, seria superior a todas as relações que envolvem outra pessoa, consideradas como distrações que nos afastam de nós mesmos. Os livros seriam melhores amigos ou amores do que os seres reais. Antes de afirmar isso, não esqueçamos que Montaigne nunca deixa de conceber a vida como uma dialética entre mim e outrem. Se a raridade da amizade e a fugacidade do amor incitam a privilegiar o refúgio da leitura, esta inevitavelmente leva de volta aos outros. Admitamos, no entanto, que dos "três relacionamentos" a leitura seja o melhor:

"Este me acompanha em todo meu percurso e me assiste em tudo. Consola-me na velhice e na solidão; alivia-me do peso de uma ociosidade tediosa; desembaraça-me a qualquer momento das companhias que me desagradam; embota os aguilhões da dor, se não for extrema e dominante. Para distrair-me de uma fantasia importuna, basta recorrer aos livros; eles facilmente me desviam para si e subtraem-na de mim. E, além disso, não se rebelam por ver que só os procuro na falta daquelas outras satisfações, mais reais, mais vivas e naturais; recebem-me sempre com a mesma fisionomia" (III, 3).

Os livros são companheiros sempre disponíveis. Velhice, solidão, ociosidade, tédio, dor, ansiedade: não há nenhum mal comum da vida ao qual não saibam fornecer um remédio, desde que esses males não sejam fortes demais. Os livros moderam as preocupações, oferecem um recurso e um socorro.

Mesmo assim, podemos sentir uma ponta de ironia nesse retrato favorável aos livros. Eles nunca protestam, não se rebelam quando são negligenciados, ao contrário dos homens e das mulheres de carne e osso. Os livros são presenças sempre benevolentes, dotadas de equanimidade, ao passo que os amigos e as amantes sofrem variações de humor.

No limiar dos tempos modernos, Montaigne é daqueles que, por louvarem a leitura, melhor prenunciaram a cultura da página impressa. No momento em que talvez estejamos deixando-a, é bom lembrar que durante vários séculos foi nos livros que os homens e as mulheres do Ocidente se conheceram e se encontraram.

26

A pedra

Montaigne deve sua ideia de reprodução sexuada à medicina da época, inspirada em Aristóteles, Hipócrates e Galeno. Estes atribuíam os maiores poderes à faculdade geradora do esperma. É assim que Montaigne se extasia com os mistérios da transmissão das características familiares, no último capítulo do segundo livro dos *Ensaios*, "Sobre a semelhança dos filhos com os pais":

"Que monstro é esse, que essa gota de semente de que somos criados porta em si as marcas não só da forma corporal, mas também dos pensamentos e das tendências de nossos pais? Onde tal gota d'água guarda esse número infinito de formas? E como portam elas essas semelhanças, com uma progressão tão casual e tão irregular que o bisneto corresponderá ao bisavô, o sobrinho ao tio?" (II, 37).

O "monstro" é a coisa inacreditável, prodigiosa e admirável. Os homens do Renascimento, principalmente os médicos, como Ambroise Paré ou Rabelais, interessavam-se vivamente por ele, procurando ali a explicação da natureza. Como eles, Montaigne atribui às mulheres um papel bem menor do que aos homens na procriação: "[...] as mulheres", diz ele em outro capítulo, "produzem sozinhas aglomerados e pedaços informes de carne, mas [...] para produzir uma geração boa e natural precisam ser ocupadas por outra semente" (I, 8). Dessa semente resultam não só as semelhanças físicas, mas também as marcas de caráter, os temperamentos, os humores que se propagam de geração em geração ao longo de uma linhagem.

Se Montaigne é tão apaixonado pelo enigma da reprodução, é porque tem razões muito pessoais para isso: considera que sua doença lhe foi transmitida por seu pai – esses cálculos renais, essas pedrinhas nos rins cuja excreção lhe causa fortes dores. Pedras que ele deve a Pierre Eyquem, de prenome profético:

"É de crer que devo a meu pai essa característica dos cálculos, pois ele morreu extremamente afligido por uma grande pedra que tinha na bexiga. Só se deu conta de seu mal no sexagésimo sétimo ano de vida e antes disso não tivera nenhuma ameaça ou sensação nos rins, nas costas nem em outro lugar [...]. Eu nascera vinte e cinco anos, ou mais, antes de sua doença e no decurso de seu melhor estado, o terceiro filho por ordem de nascimento. Onde estava latente há tanto tempo a propensão para esse defeito? E, enquanto ele estava ainda tão longe da doença, como essa pequena parte de sua substância, com que me construiu, portava por sua vez uma marca tão profunda dela? E como ainda tão encoberta que quarenta e cinco anos depois eu tenha começado a senti-la – o único até agora entre tantos irmãos e irmãs, e todos da mesma mãe? Se alguém esclarecer-me sobre essa progressão, acreditarei nele sobre tantos outros milagres quantos quiser, desde que, como se costuma, não me dê em pagamento uma teoria muito mais difícil e fantástica do que a própria coisa" (II, 37).

Montaigne mal pode acreditar que a doença paterna tenha dormido nele por tanto tempo antes de despertar nos rins, e que entre seus irmãos e irmãs só tenha afetado a ele; mas, como desconfia profundamente dos médicos, rejeita antecipadamente as explicações fantasiosas do fenômeno que estes possam propor. Mesmo ante esse prodígio que lhe diz respeito essencialmente – sua pedra –, Montaigne não desiste da dúvida e limita-se a constatar, a questionar.

27

A aposta

A religião de Montaigne continua a ser um enigma para nós. Muito esperto será quem conseguir decifrar em que ele acreditava realmente. Foi um bom católico ou um ateu disfarçado? Morreu como cristão, e os contemporâneos contentaram-se com seus atos de fé, por exemplo, em sua viagem a Roma em 1580; mas já no início do século XVII foi visto como um precursor dos libertinos, dos livres-pensadores que prenunciaram o Iluminismo.

Isso porque ele separa absolutamente a fé da razão na "Apologia de Raymond Sebond", o imenso e complicado capítulo teológico do segundo livro dos *Ensaios*: "É unicamente a fé que abarca viva e verdadeiramente os altos mistérios de nossa religião" (II, 12), afirma já de saída, enquanto a razão humana, impotente, humilhada, rebaixada à posição do animal, não pode provar a existência de Deus nem a veracidade da religião. Para caracterizar sua atitude, fala-se de fideísmo, doutrina que faz da fé uma graça, um dom gratuito de Deus, sem relação alguma com a razão. A vantagem é deixar o campo livre para a razão examinar todo o restante – o que Montaigne não hesita em fazer com uma audácia extrema, de tal modo que da religião subsiste apenas essa fé mantida como última instância, contra tudo e todos, quase alheia à condição humana. Na "Apologia" ele duvida de tudo, para no fim das contas, como se isso nada fosse, proclamar sua fé.

O "ceticismo cristão", como se diz, é – antes da aposta de Pascal – a dúvida que leva à fé. Mas o que vale essa fé se no caminho o relativismo tornou equivalentes todas as religiões e a religião nada mais é que um caso de tradição? Adotamos a de nosso país, assim como seguimos seus costumes e obedecemos a suas leis, mas ela não tem mais fundamento do que estes:

"Tudo isso é um sinal muito evidente de que só acolhemos nossa religião à nossa maneira e por nossas mãos, e não de forma diferente de como as outras religiões são acolhidas. Encontramo-nos no país onde ela estava em uso; ou levamos em consideração sua antiguidade ou a autoridade dos homens que a preservaram; ou tememos as ameaças que ela atrela aos descrentes, ou seguimos suas promessas. Tais considerações devem ser aplicadas à nossa crença, mas como subsidiárias: são ligações humanas. Outra região, outros testemunhos, promessas e ameaças iguais poderiam imprimir-nos pela mesma via uma crença oposta. Somos cristãos pela mesma razão que somos perigordinos ou alemães" (II, 12).

Levadas ao pé da letra, tais declarações são mais que perturbadoras, chegam a ser blasfemas: as religiões se transmitem pela autoridade do costume, pelas superstições que são atreladas ao que elas prometem ou ameaçam. É bem verdade que Montaigne sugere que outras considerações menos humanas e mais transcendentais são indispensáveis para a fé – novamente a graça dos fideístas; mas o trecho final não é menos destruidor: se somos cristãos como somos perigordinos ou alemães, o que resta da verdade e da universalidade da Igreja Católica? "Qual verdade estas montanhas delimitam e que é mentira no mundo que fica além delas?", lemos também na "Apologia".

E a que se reduz a distinção entre católicos e protestantes? Montaigne nunca se arrisca a revelar o que pensa da transubstanciação, da presença do corpo de Cristo no pão e no vinho; mas, sabe

Deus por quê, frequentemente pensei – eu tinha prometido voltar ao assunto – que esse era o terceiro motivo da perplexidade dos índios com que ele se encontrara em Rouen em 1562.

28

Vergonha e arte

Montaigne fala de sua sexualidade com uma liberdade que hoje pode desconcertar. É no capítulo "Sobre versos de Virgílio", do terceiro livro dos *Ensaios*, para lamentar a perda do vigor de sua juventude. Mesmo assim, sente necessidade de justificar-se, o que prova que não está se abrindo sem ter consciência de quebrar um tabu.

"Mas vamos a meu tema. O que o ato genital, tão natural, tão necessário e tão correto, fez aos homens, para não ousarem falar dele sem vergonha e para excluí-lo das conversas sérias e regradas? Pronunciamos sem hesitar: matar, roubar, trair, e isso só ousaríamos entredentes. Quer dizer que, quanto menos dele exalarmos em palavras, tanto mais direito teremos de avolumar seu pensamento? Pois é certo que as palavras que são menos usadas, menos escritas e mais silenciadas são as mais bem sabidas e mais conhecidas de todos. Nenhuma época, nenhum costume as ignora, não mais que ao pão. Imprimem-se em cada um sem ser expressas e sem som nem forma. E o sexo que mais o pratica tem o encargo de mais calá-lo. É um ato que pusemos sob a salvaguarda do silêncio, de onde é crime arrancá-lo, nem mesmo para o acusar e julgar. Nem ousamos castigá-lo a não ser em perífrase e pintura" (III, 5).

Montaigne indaga-se longamente sobre o que nos proíbe de falar de sexo, enquanto conversamos sem hesitar sobre outras atividades bem menos naturais e mais abomináveis, entre as quais crimes como o roubo, o assassinato, a traição. Trata-se de uma reflexão importante sobre um sentimento humano fundamental: a vergonha. Por que resistimos a falar de algo que fazemos todo dia? Como justificar esse pudor que cerca as coisas do sexo? Montaigne tem sua explicação: tanto mais pensamos nelas quanto menos as mencionamos. Em outras palavras, se falamos pouco do assunto, é para pensarmos mais nele. Calamos essas palavras, mas as conhecemos perfeitamente e gostamos delas ainda mais por permanecerem secretas. Em resumo, o mistério que cerca o sexo contribui para seu prestígio. Montaigne pensa especialmente nas mulheres – "o sexo que mais o pratica" e mais o cala –, segundo um preconceito misógino bem enraizado no Renascimento e do qual Rabelais oferece numerosos exemplos, fazendo do sexo feminino um animal autônomo e voraz, à maneira de Platão e dos médicos.

Entretanto, Montaigne reconhece um imenso benefício secundário da proibição que pesa sobre o sexo: como não podemos falar dele abertamente, achamos um jeito de falar dele de outro modo, "em perífrase e pintura", em poemas e quadros. Montaigne explica a arte por meio da vergonha ou do pudor, como a busca de um modo velado, encoberto, indireto, de falar de sexo.

Quanto à sua misoginia, ele a abandona belamente no final do capítulo para afirmar com força a igualdade entre os homens e as mulheres:

"Digo que os homens e as mulheres são feitos no mesmo molde: exceto a educação e os usos, a diferença não é grande. Platão convida indiferentemente uns e outras para participarem de todos os estudos, exercícios, cargos, profissões da guerra e da paz, em sua república. E o filósofo Antístenes suprimia toda distinção entre a virtude delas e a nossa. É muito mais fácil acusar um sexo do que escusar o outro. É como dizem: o atiçador zomba da pá" (III, 5).

Montaigne sabe bem que está cedendo a clichês quando caricaturiza a sexualidade feminina: tanto o atiçador como a pá, símbolos sexuais evidentes, são desacreditados, ambos igualmente ridículos – e vergonhosos.

29

Sobre os médicos

Montaigne não gostava dos médicos – já mencionei isso. É inclusive a profissão contra a qual se enfurece com mais prazer. Via os médicos como incapazes ou charlatães que, particularmente, nada podiam contra seus cálculos renais, suas pedras nos rins. Acusa-os um pouco em toda parte nos *Ensaios*; aqui, no capítulo "Sobre a semelhança dos filhos com os pais", o último do segundo livro:

"[...] pelo conhecimento que tenho, não vejo nenhuma espécie de pessoas tão cedo doente e tão tarde curada como a que está sob jurisdição da medicina. Até mesmo sua boa saúde é alterada e corrompida pela imposição de dietas. Os médicos não se contentam em ter sob seu governo a doença; tornam doente a saúde, para cuidar que em nenhum período possamos escapar de sua autoridade. De uma saúde estável e integral não extraem eles a prova de uma grande doença futura?" (II, 37).

Montaigne exagera, sem dúvida: os homens e as mulheres que seguem as prescrições de seu médico, afirma ele, são mais doentes que os outros; os médicos impõem remédios ou regimes que fazem mais mal do que bem; aos inconvenientes da doença acrescentam os do tratamento; os médicos tornam as pessoas doentes para garantir seu poder sobre elas; os médicos são sofistas que travestem a saúde de prenúncio de uma doença. Em resumo, mais vale ficar longe deles se esperamos permanecer saudáveis.

A medicina da época era tosca e incerta; portanto, Montaigne tinha excelentes motivos para não confiar nela e evitá-la. Uma única técnica médica merecia sua benevolência: a cirurgia, porque cortava o mal pela raiz quando este era incontestável, porque conjecturava e adivinhava menos – "porque vê e maneja o que faz", observa ele no mesmo capítulo; mas seus resultados eram muito arriscados. Quanto ao restante, Montaigne não fazia grande distinção entre a medicina e a magia, e no fundo contava apenas consigo mesmo para tratar-se, ou seja, para seguir sua natureza:

"Fiquei doente com bastante frequência; sem recorrer a eles, achei minhas doenças tão fáceis de suportar (e experimentei-as de quase todos os tipos) e tão curtas como as de nenhum outro; e, mais ainda, não lhes acrescentei o amargor de suas receitas. Tenho a saúde livre e completa, sem regras e sem outra disciplina além de meus hábitos e meu prazer. Todo lugar me é bom para parar, pois, estando doente, não necessito de outras comodidades além das que me são necessárias estando saudável. Não me atormento por estar sem médico, sem boticário e sem socorro – pelo que vejo a maioria das pessoas se afligirem mais do que pela doença. Ora essa! Acaso eles mesmos nos mostram em suas vidas felicidade e duração que nos possam atestar um efeito evidente de sua ciência?" (II, 37).

Em nome da natureza, Montaigne elimina a fronteira entre a doença e a saúde. As doenças fazem parte da natureza; têm sua duração, seu ciclo de vida, ao qual é mais prudente submeter-se em vez de pretender contrariá-lo. A recusa da medicina faz parte da submissão à natureza. Portanto, Montaigne modifica o menos possível seus hábitos quando está doente.

Vem então o golpe final: os médicos não vivem melhor nem mais do que nós; sofrem os mesmos males e não saram mais do que nós. Dessa vez, porém, não devemos seguir com muita pressa os conselhos de Montaigne: nossos médicos nada têm dos aprendizes de feiticeiro do Renascimento e, parece, podemos confiar neles.

30

A finalidade e o final

Muito se discute para saber se o pensamento de Montaigne evoluiu ao longo da redação dos *Ensaios*, ou se sempre foi desordenado, plural, em movimento. De qualquer forma, há um assunto que o preocupa muito e do qual parece falar de modos diferentes no início e no final: a morte. Um capítulo importante do primeiro livro copia seu título de Cícero: "Que filosofar é aprender a morrer", e parece inspirado pelo estoicismo mais severo:

"A morte é a finalidade de nossa caminhada, é o objeto necessário de nossa mira; se ela nos assustar, como é possível dar um passo à frente sem temor? O remédio do vulgo é não pensar nisso. Mas de que brutal estupidez lhe pode advir uma cegueira tão grosseira? [...] Devemos eliminar [desse inimigo] sua estranheza, frequentá-lo, acostumarmo-nos com ele, sem termos mais nada na cabeça com tanta regularidade quanto a morte" (I, 19).

O sábio deve controlar suas paixões e, portanto, seu medo da morte; já que é inevitável, é preciso "domesticá-la", habituar-se a ela, pensar nela sempre, a fim de dominar o pavor que esse adversário implacável inspira.

No final dos *Ensaios*, entretanto, Montaigne, observando a resignação dos camponeses diante da peste e da guerra, parece ter compreendido que não nos preparamos para a morte exercitando a vontade, e que a despreocupação das pessoas simples constitui a verdadeira sabedoria, tão nobre quanto a de Sócrates condenado ao suicídio:

"Turvamos a vida com a preocupação pela morte, e a morte com a preocupação pela vida. Uma nos entristece, a outra nos amedronta. Não é contra a morte que nos preparamos; ela é coisa momentânea demais. Um quarto de hora de paixão sem prosseguimento, sem dano, não merece preceitos especiais. Para dizer a verdade, aprontamo-nos contra os preparativos da morte. [...] Porém, em minha opinião, esse é realmente o final, mas não a finalidade da vida. É seu fim, seu extremo, mas não seu objeto. Ela mesma deve ser seu próprio alvo, seu desígnio" (III, 12).

Montaigne gosta dos jogos de palavras: a morte é o final, não a finalidade da vida. A vida deve ter em mira a vida; a morte saberá advir por si só.

Mas terá ele evoluído com a idade? Não é certeza. Em "Que filosofar é aprender a morrer", multiplicava os conselhos em forma de antíteses tão sofisticadas que podiam causar dúvida sobre sua adesão íntima à tese que expressavam:

"É incerto onde a morte nos espera; esperemo-la em toda parte. A premeditação da morte é premeditação da liberdade. Quem aprendeu a morrer desaprendeu de servir. Na vida não existe mal para aquele que compreendeu que a privação da vida não é um mal. Saber morrer liberta-nos de toda sujeição e imposição" (I, 19).

Era como se sua mente estivesse racionalizando sua imaginação, mas sem muita convicção, como se repetisse uma lição. Ele até mesmo parecia ironizar essa luta perdida de antemão com a morte: "Se fosse um inimigo que pudéssemos evitar, eu aconselharia a adotar as armas da covardia" – ou seja, fugir.

Mesmo sobre a atitude diante da morte, ao longo dos *Ensaios* Montaigne não evoluiu realmente, mas hesitou. Como viveremos melhor? Tendo sempre a morte na mente, como Cícero e os estoicos, ou pensando nela o menos possível, como Sócrates e os camponeses? Dividido entre a melancolia e a alegria de viver, Montaigne tergiversou – como todos nós –, e sua lição final havia sido anunciada já no início: "Quero [...] que a morte me encontre plantando minhas couves" (I, 19).

31

Uma parte de si

Em 1595, na edição póstuma dos *Ensaios*, Montaigne fecha o capítulo "Sobre a presunção", em que acaba de descrever-se e de arrolar alguns contemporâneos notáveis, com um vibrante elogio a Marie de Gournay, sua "filha por aliança", por afinidade pessoal. Como esse cumprimento não figurava nas edições anteriores dos *Ensaios* e a senhorita de Gournay preparou a póstuma, a autenticidade destas linhas lisonjeiras chegou a ser contestada:

"Tive prazer em divulgar em vários lugares a esperança que deposito em Marie de Gournay le Jars, minha filha por aliança e sem dúvida amada por mim muito mais que paternalmente e envolvida em meu retiro e solidão, como uma das melhores partes de meu próprio ser. Não vejo mais que ela no mundo. Se a adolescência pode pressagiar, um dia essa alma será capaz das m[...] las coisas e, entre outras, da perfeição dessa a[mi]zade santíssima, à qual não lemos que seu sexo já tenha conseguido elevar-se" (II, 17).

Foi na edição da senhorita de Gournay, inicialmente precedida de um importante prefácio assinado por ela, que os *Ensaios* foram lidos durante vários séculos e marcaram, por exemplo, Pascal e Rousseau. No século XX preferiu-se o "exemplar de Bordeaux", considerando-se mais fiel esse volumoso in-quarto da edição de 1588, coberto por Montaigne de anotações marginais, seus "alongamentos", como os chamava. Entre a edição de 1595 e o exemplar de Bordeaux as divergências são numerosas, como o trecho sobre Marie de Gournay, ausente do exemplar de Bordeaux. Mas hoje a edição póstuma já foi reabilitada, pois ter-se-ia baseado num texto melhor. Portanto, não haveria mais motivo para duvidar do belo retrato que Montaigne faz de sua filha por aliança:

"[...] a sinceridade e a firmeza de seu caráter [...] já são evidentes; sua afeição por mim, mais que abundante e tal, em suma, que nada há a desejar, exceto que a apreensão que ela sente por meu fim, pelos cinquenta e cinco anos nos quais me encontrou, a atormentasse menos cruelmente. O juízo que fez dos primeiros *Ensaios*, sendo mulher e nesta época, e tão jovem e sozinha em sua região, e a notável intensidade com que me amou e me buscou durante muito tempo, baseada simplesmente na estima por mim que adquiriu por meio deles, antes mesmo de ter-me visto, é uma circunstância muito digna de consideração" (II, 17).

Esse relacionamento entre um homem de idade madura e uma mulher jovem, mais de trinta anos mais nova que ele, intrigou. Montaigne não teve nenhum outro amigo, no sentido do ideal antigo, desde a morte de La Boétie em 1563, mas considera a senhorita de Gournay digna de figurar no panteão da época. Apaixonada pelo grego, pelo latim e pela cultura clássica, longe de ser uma "preciosa ridícula", como às vezes a apresentaram maldosamente, descobriu sozinha os dois primeiros livros dos *Ensaios*, com dezoito anos de idade, e ficou arrebatada de admiração; encontrou Montaigne uma única vez, em Paris, depois se correspondeu com ele até sua morte – antes de ser encarregada pela senhora de Montaigne de preparar a edição póstuma dos *Ensaios*.

Montaigne – de quem só um dos seis filhos, sua filha Leonor, sobrevivera – confessa que ama sua filha por aliança "mais que paternalmente" e como se fosse uma parte de si mesmo, e também que não vê "mais que ela no mundo", enquanto esta lhe dedica uma afeição "mais que abundante". O apego de ambos provaria, se fosse preciso, que Montaigne não foi vítima dos preconceitos de sua época contra as mulheres, pois foi por uma jovem que sentiu em seus últimos anos uma amizade excepcional, digna da Antiguidade.

32

A caçada e a captura

No capítulo "Sobre versos de Virgílio", Montaigne, o homem correto, sincero, honesto, aquele que detesta acima de tudo a dissimulação, paradoxalmente redescobre os atrativos da via encoberta em matéria amorosa. O que ele percebe nessa ocasião é, em suma, a diferença entre a pornografia, que mostra tudo, e o erotismo, que encobre para sugerir melhor e para atiçar o desejo:

"O amor dos espanhóis e dos italianos, mais respeitoso e medroso, mais dengoso e dissimulado, agrada-me. Não sei quem, antigamente, desejava ter a garganta comprida como o pescoço de um grou para saborear mais longamente o que deglutia. Tal desejo vem mais a propósito nessa volúpia rápida e precipitosa, particularmente para naturezas como é a minha, que sou viciado em imediatismo. Para deter sua fuga e estendê-lo em preâmbulos, entre eles tudo serve de favor e de recompensa: uma olhadela, uma mesura, uma palavra, um sinal. Se alguém pudesse alimentar-se com a fumaça do assado, não faria uma bela economia?" (III, 5).

Assim, Montaigne faz o elogio da lentidão em amor, da sedução e da galanteria, consideradas qualidades meridionais. Mesmo ele que, como confessa, é "viciado em imediatismo", ou seja, incapaz de retardar sua volúpia, compreende que essa é uma ocupação em que a maneira excessivamente direta e aberta não compensa. Os encantos da lascívia estão ligados ao prolongamento dos preparativos. Já a comparação insistente entre os prazeres do amor e os da mesa nos lembra que a luxúria e a gula eram – ainda são – vícios, dois dos sete pecados capitais, agravados pelas manobras dilatórias que retardam seu objetivo.

No fundo, o próprio Montaigne parece sentir surpresa ao ver-se reabilitando, sem ter previsto isso, o fingimento e a duplicidade que condena em todos os outros lugares: "Ensinemos as mulheres a valorizar-se, a estimar-se, a nos distrair e nos iludir. Fazemos da primeira investida nossa extrema: há sempre impetuosidade francesa"

(III, 5). Nessa matéria, caberia às mulheres retardar os homens nas preliminares da coqueteria e do flerte, contemporizar, adiar seus favores.

Mas desse exemplo Montaigne extrai uma lição bem mais ampla para a condução da vida, uma lição que desvia sua ética espontânea: "Quem só tem prazer no gozo, quem só ganha no ponto mais alto, quem só aprecia a caçada pela captura, não lhe compete imiscuir-se em nossa escola. Quanto mais escada e degraus houver, mais elevação e honra há no derradeiro posto. Deveríamos comprazer-nos em ser conduzidos a ele, como acontece nos palácios magníficos, por diversos pórticos e corredores, longas e agradáveis galerias e muitas voltas. [...] Sem expectativa e sem desejo não avançamos com proveito" (III, 5).

O prazer de caçar não está na captura, e sim na própria caçada e em tudo o que a cerca: o passeio, a paisagem, a companhia, o exercício. Um caçador que pensa apenas na presa é o que chamam de predador. E Montaigne diria o mesmo de muitas outras atividades menos sensuais, tais como a leitura ou o estudo, essas caçadas espirituais das quais às vezes julgamos voltar sem nada, quando na verdade os bons frutos se acumularam ao longo de todo o caminho. Nossa escola, como diz Montaigne, é a do lazer, do *otium* do homem livre e letrado, do caçador de livros que pode dedicar seu tempo a uma ocupação sem objetivo imediato.

33

A desenvoltura

Nos *Ensaios*, Montaigne dá prova de uma espantosa liberdade de escrita. Rejeita as imposições da arte de escrever aprendida na escola; defende um estilo despreocupado e desinibido, que analisa no capítulo "Sobre a educação das crianças":

"De muito melhor grado torço uma boa frase para costurá-la em mim do que destorço meu fio para ir buscá-la. Ao contrário, cabe às palavras servir e seguir; e que o gascão o consiga, se o francês não puder chegar lá. Quero que as coisas predominem e invadam de tal modo a imaginação de quem escuta que ele não tenha nenhuma lembrança das palavras. O falar que aprecio é um falar simples e natural, tanto no papel como na boca: um falar suculento e musculoso, breve e denso, não tanto delicado e bem-arrumado como veemente e brusco. [...] Antes difícil que tedioso, livre de afetação, desordenado, descosido e ousado: que cada trecho forme seu corpo próprio, não pedantesco, não fradesco, não rabulesco, mas antes soldadesco, como Suetônio chama o de Júlio César" (I, 25).

Montaigne não gosta das transições e dos ornamentos de linguagem; pretende ir direto ao objetivo e critica todos os efeitos de estilo; recusa-se a utilizar as palavras para ocultar as coisas, a dissimular as ideias sob as figuras. Para ele as palavras são como roupas que não devem deformar o corpo, e sim moldá-lo, delineá-lo, como uma segunda pele que adere ao corpo, realçando as formas naturais. É também um modo de recusar o artifício, a maquilagem. Montaigne não só optou pelo francês em vez do latim, mas também, quando lhe falta uma palavra francesa, não hesita em recorrer ao linguajar gascão e louva uma maneira de escrever que fica o mais perto possível da voz, "tanto no papel como na boca". A descrição de sua língua ideal é concreta, saborosa, carnal. Ele acumula os adjetivos sensuais para evocar o estilo que admira e que apresenta todas as características da brevidade – da *brevitas* austera dos esparciatas, que se distingue da abundância copiosa, da *ubertas* dos atenienses, com risco de tornar-se um pouco difícil e beirar o estilo enigmático dos cretenses. Aos grandes lugares da eloquência retórica, a escola, o púlpito e o tribunal – "o pedantesco, o fradesco e o rabulesco" – contrapõe a elocução militar de Júlio César, seu estilo entrecortado, conciso, feito de frases curtas, abruptas, e não de períodos.

Mas Montaigne tem em mente outro modelo mais recente, que encontrou numa obra então em moda, *O livro do cortesão*, de Baldassare Castiglione, publicado em 1528: é o que em italiano se chama *sprezzatura*, a desenvoltura ou a despreocupação do homem da corte, a negligência diligente, que, ao contrário da afetação, dissimula a arte.

"De bom grado venho imitando esse descaso que se vê em nossa juventude no porte de suas vestimentas: um manto de banda, o capote num ombro, uma meia mal esticada, o que manifesta uma altivez desdenhosa ante esses ornamentos estrangeiros e despreocupada de artifícios. Mas acho-a ainda mais bem empregada na forma do falar. Toda afetação, sobretudo na jovialidade e liberdade francesas, cai mal para o cortesão. E numa monarquia todo fidalgo deve estar preparado para portar-se como um cortesão. Por isso fazemos bem em desviar-nos um pouco para o natural e o despretensioso" (I, 25).

O estilo de Montaigne é isto: um capote jogado no ombro, um manto de banda, uma meia mal ajustada; é o cúmulo da arte coincidindo com a natureza.

34

Antimemórias

Montaigne mantém relações muito ambíguas com a memória. Em conformidade com a tradição antiga, ele não cessa de louvá-la como uma faculdade indispensável ao homem completo. A memória é a última parte da retórica; graças a ela, o orador dispõe de um tesouro de palavras e de coisas que lhe permitem falar bem em todas as circunstâncias. Todos os tratados de retórica, como os de Cícero e Quintiliano, incentivam ao treinamento da memória, e o Renascimento é a idade da memória artificial e dos teatros de memória. Mas Montaigne se distingue por insistir com frequência na pobreza da sua; por exemplo, no autorretrato do capítulo "Sobre a presunção":

"A memória é um instrumento de admirável utilidade e sem o qual o juízo faz seu trabalho penosamente; ela me falta de modo absoluto. O que me quiserem expor tem de ser em pequenas parcelas, pois não está em meu poder responder a uma argumentação em que haja vários itens diversos. Não conseguiria receber um encargo sem notas detalhadas. E, quando preciso falar sobre um assunto importante, se for de longo fôlego me vejo reduzido à vil e infeliz necessidade de decorar palavra por palavra o que tenho para dizer; do contrário, não teria meios nem segurança, temendo que minha memória viesse a pregar-me uma peça" (II, 17).

Montaigne confessa que sofre de falta de memória. Isso faz parte da longa lista de defeitos que ele aponta toda vez que faz seu autorretrato, a fim de ilustrar sua mediocridade física e moral. É incapaz de reter um discurso complicado e, portanto, de dar-lhe resposta; se lhe confiam uma missão, é preciso que seja consignada por escrito; se deve proferir um discurso, tem de decorá-lo e recitá-lo mecanicamente. O que insiste em contar é que lhe falta aquela memória ágil do orador que, para pronunciar seu discurso, imaginava uma arquitetura, uma casa cujos cômodos ia percorrendo com o pensamento, recuperando em cada um as coisas e as palavras que previamente depositara ali. A memória de Montaigne não tem essa flexibilidade; por isso ele precisa limitar-se a recitar seus discursos.

Mas a falta de memória oferece vantagens. Em primeiro lugar, ela proíbe a mentira, obriga à sinceridade. Um mentiroso sem memória não saberia mais o que disse nem a quem; forçosamente se contradiria, expondo sem demora suas lorotas. Assim, Montaigne pode apresentar sua honestidade com total modéstia, não como uma virtude, mas como uma condição à qual a falta de memória o condena. Em segundo lugar, o homem sem memória julga melhor, pois depende menos dos outros:

"A memória é o receptáculo e o estojo do conhecimento; tendo-a tão falha, não tenho muito de que me queixar se sei pouco. Sei em geral o nome das artes e do que tratam, mas nada além. Folheio os livros, não os estudo; o que deles me fica é coisa que não mais reconheço como de outrem: meu juízo tirou proveito apenas dos argumentos e ideias de que se imbuiu. O autor, o lugar, as palavras e outras circunstâncias esqueço imediatamente. [...] E sou tão excelente no esquecimento que mesmo meus escritos e composições não esqueço menos que o restante" (II, 17).

Resumindo, em matéria de memória a declaração de humildade de Montaigne bem poderia valer como uma reivindicação de originalidade.

35

Odores, tiques, mímicas

Nos livros, Montaigne se interessa por detalhes que podem parecer-nos muito acessórios, como este, no pequeno capítulo "Sobre os cheiros", do primeiro livro:

"Diz-se de alguns, como de Alexandre, o Grande, que seu suor exalava um odor suave, por alguma rara e extraordinária compleição, de que Plutarco e outros indagam a causa. Mas a característica normal dos corpos é o contrário; e a melhor condição que podem ter é ser isentos de cheiro" (I, 55).

Montaigne leu esse dado minúsculo nas *Vidas paralelas dos homens ilustres*, de Plutarco, seu livro de cabeceira, um *best-seller* do Renascimento. Em primeiro lugar, isso nos lembra que antes da higiene moderna os odores podiam ser um suplício: se "a característica normal dos corpos é o contrário" de Alexandre, como ele observa, é porque a maioria dos homens cheirava mal. Quando Montaigne viaja, é incomodado pelos miasmas da cidade: "O principal cuidado que tenho ao hospedar-me é evitar o ar fétido e pesado. Essas belas cidades, Veneza e Paris, prejudicam o favor em que as tenho com o cheiro desagradável, uma de seu pântano e a outra, de sua lama" (I, 55).

O melhor que se pode esperar é que os homens não tenham cheiro algum. Ora, Alexandre – de suor suave – não só não cheirava mal como cheirava bem por natureza. Segundo Plutarco, ele tinha um temperamento ardente, semelhante ao fogo, que cozia e dissipava a umidade do corpo. Montaigne é apaixonado por esse tipo de observações que coleta nos historiadores. Interessa-se não pelos grandes acontecimentos, pelas batalhas, pelas conquistas, e sim pelas anedotas, pelos tiques, pelas mímicas: Alexandre inclinava a cabeça para o lado, César coçava a cabeça com um dedo, Cícero cutucava o nariz. Esses gestos não controlados, que escapam da vontade, dizem mais sobre um homem do que as façanhas de sua lenda. São eles que Montaigne procura nos livros de história, como indica no capítulo "Sobre os livros", do segundo volume dos *Ensaios*, através de uma imagem tomada do jogo de pela, a da "bola direta", a bola fácil que me chega pela direita:

"Os historiadores são minha bola direta porque são agradáveis e fáceis; e ao mesmo tempo o homem em geral, que procuro conhecer, neles aparece mais vivo e mais inteiro do que em qualquer outro lugar: a variedade e autenticidade de suas características internas no todo e nos detalhes, a diversidade de seus meios de convivência e das ocorrências que o ameaçam. Assim, os que escrevem as vidas, na medida em que se ocupam mais das intenções que dos acontecimentos, mais daquilo que provém do íntimo do que daquilo que acontece fora, esses me são mais apropriados" (II, 10).

Nos livros dos historiadores, suas leituras preferidas, Montaigne prende-se não aos acontecimentos, e sim às "intenções", ou seja, às deliberações que preparam as decisões, ao modo como elas são tomadas. O curso dos acontecimentos depende da sorte; a deliberação nos diz mais sobre os homens, pois nos leva para dentro deles:

"É por isso que, em todos os aspectos, Plutarco é meu homem. Muito me aborrece que não tenhamos uma dúzia de Laércios ou que ele não seja mais extenso ou mais atilado. Pois sou tão desejoso de conhecer os destinos e a vida desses grandes preceptores do mundo quanto de conhecer a diversidade de suas opiniões e ideias" (II, 10).

Apreciador de vidas, Montaigne então se pôs a escrever a sua.

36

Contra a tortura

O caso Martin Guerre é célebre. Esse camponês do condado de Foix deixara sua aldeia após um conflito familiar. Quando retornou, doze anos mais tarde, um sósia havia tomado seu lugar, até mesmo no leito conjugal. Ele apresentou queixa. Seguiu-se um longo processo para decidir entre os dois homens. Em 1560, Arnaud du Tilh, o usurpador – vivido na tela por Gérard Depardieu, em *O retorno de Martin Guerre*, filme de Daniel Vigne, de 1982 –, foi declarado culpado e enforcado. Jean de Coras, conselheiro no parlamento de Toulouse, publicou o relato dessa "história prodigiosa de nossa época". Montaigne lembra-o no capítulo "Sobre os coxos", do terceiro livro dos *Ensaios*:

"Vi em minha infância um processo que Coras, conselheiro de Toulouse, mandou imprimir, de um acontecimento estranho: dois homens que se passavam um pelo outro. Lembro (e não me lembro de mais nada) que me pareceu que Coras apresentara a impostura daquele que considerou culpado como tão prodigiosa e excedendo tanto nosso conhecimento (e o dele, que era juiz) que achei muito ousada a sentença que o condenara a ser enforcado. Devemos admitir uma forma de sentença que diga: 'A corte não está entendendo nada' ainda mais livre e sinceramente do que fizeram os do Areópago, os quais, achando-se pressionados por uma causa que não conseguiam explicar, ordenaram que as partes retornassem dentro de cem anos" (III, 11).

Montaigne confunde os anos – tinha vinte e sete anos na época, não era mais criança –, mas confessa sua perplexidade. No lugar de Coras, ele não teria conseguido decidir entre os dois Martin, o verdadeiro e o falso, aquele que durante muito tempo ocupara o lugar junto aos seus e à sua jovem esposa, e aquele que retornara depois de anos e reivindicara seu lugar. A aventura do pretenso Martin Guerre parece-lhe tão "prodigiosa" que considera muito audaciosa a segurança do juiz que o condenou, e teria preferido, como os areopagitas diante de um caso inexplicável, que ele tivesse suspendido seu julgamento.

Montaigne se interessa por Martin Guerre entre outros casos difíceis ou impossíveis de desenredar. Ergue-se contra a tortura, à qual recorrem para resolvê-los – por exemplo, no caso das bruxas, para as quais exige, praticamente sozinho em sua época, a mesma abstenção de julgamento:

"As bruxas de minha redondeza correm risco de vida, dependendo da opinião de cada novo autor que venha dar corpo às ilusões delas. [...] pois não lhes vemos nem as causas nem os meios; é necessária outra inteligência que não a nossa. [...] Para matar pessoas é preciso uma clareza luminosa. [...] E sou da opinião de santo Agostinho, de que mais vale tender para a dúvida do que para a certeza nas coisas de difícil comprovação e arriscada credibilidade" (III, 11).

Estavam em moda os tratados de demonologia que pretendiam explicar os fenômenos de magia negra e justificavam o uso de suplícios nos processos por bruxaria. Montaigne se mantém cético: para ele as bruxas são loucas e os demonólogos, impostores; bruxas e demonólogos são vítimas da mesma ilusão coletiva. Nossa ignorância deveria levar-nos a mais prudência e reserva. "Afinal de contas", conclui, "pôr um homem para queimar vivo é dar um preço bem alto a suas conjecturas" (III, 11).

Diante do falso Martin Guerre e das bruxas, ou ainda dos índios do Novo Mundo – no capítulo "Sobre os coches" –, Montaigne protesta contra toda forma de crueldade e prega a tolerância, a indulgência. Poucos sentimentos o definem melhor que esses.

37

Sic et non

Toda vez que Montaigne aborda as coisas da religião, usa de extrema circunspecção; por exemplo, na abertura do capítulo "Sobre as orações", do primeiro livro dos *Ensaios*, na hora de opinar sobre esse ato ritual da vida cristã:

"Proponho ideias informes e irresolutas, como fazem os que divulgam questões duvidosas para ser debatidas nas escolas: não para estabelecer a verdade, mas para procurá-la. E submeto-as ao julgamento daqueles a quem cabe regulamentar não só minhas ações e meus escritos, mas também meus pensamentos. Igualmente me será aceitável e útil sua condenação, tanto quanto a aprovação, considerando incongruente e ímpio se nesta rapsódia se encontrar escrito, por ignorância ou inadvertência, algo contrário às santas resoluções e prescrições da Igreja Católica, Apostólica e Romana, na qual morro e na qual nasci" (I, 56).

O capítulo começa, uma vez mais, com uma declaração de humildade: isto aqui são apenas discussões livres em que se evita chegar a conclusões; discute-se pelo prazer de discutir; como nos bancos da universidade, defendem-se tanto os prós como os contras de uma tese, *pro et contra*, *sic et non*, para treinar, não para promulgar; são realmente *Ensaios*, ou seja, exercícios ou experiências de pensamento, jogos de ideias, de modo algum um tratado de filosofia ou de teologia. Montaigne não está preso às suas palavras, declara-se pronto para refutá-las se acaso forem julgadas errôneas e submete-se sem reserva à autoridade da Igreja.

Esse será o sentido de sua viagem a Roma em 1580, a fim de apresentar os livros I e II dos *Ensaios* à censura pontifícia. Esta realmente criticou alguns pequenos detalhes, como o uso da palavra *fortuna*, mas nada objetou, por exemplo, ao fideísmo, ao ceticismo cristão, ou seja, à separação quase absoluta entre a fé e a razão na "Apologia de Raymond Sebond". E Montaigne, sentindo a morte mais próxima, depois de 1588 reforçou o início do "Sobre as orações" para confirmar sua ligação tradicional com a Igreja.

Isso não o impede de proclamar aqui e ali sua desconfiança com relação aos milagres e às superstições, ou, como vimos, exigir mais tolerância para as bruxas da vizinhança. Encontram-se também nos recantos dos *Ensaios* considerações mais perturbadoras, como esta da "Apologia":

"O que hoje afirmo e acredito afirmo e acredito com toda minha convicção; todos os meus instrumentos e todos os meus recursos empunham essa opinião e respondem-me por ela em tudo o que podem. Eu não poderia abraçar verdade alguma nem conservá-la com mais segurança do que faço com esta. Estou nela por inteiro, estou nela verdadeiramente; porém, acaso não me aconteceu, não uma vez, mas cem, mas mil e todos os dias, abraçar com esses mesmos instrumentos, nessa mesma condição, alguma outra coisa que depois considerei falsa?" (II, 12).

Assim, hoje posso acreditar nisto ou naquilo com toda minha fé, com uma sinceridade e uma segurança totais neste momento, sabendo simultaneamente que muitas vezes me aconteceu mudar de convicção. A incerteza do juízo e a inconstância das ações são as palavras-chave dos *Ensaios*, repetidas em todos os seus lugares estratégicos. Ao falar de sua crença, aqui Montaigne não está se referindo expressamente à fé cristã, mas ela só escapa da volubilidade sendo considerada de uma ordem totalmente diferente, sem medida em comum com o homem.

38

A ignorância erudita

Perto do final do primeiro livro dos *Ensaios*, no início do capítulo "Sobre Demócrito e Heráclito" – o filósofo que ri e o filósofo que chora, dois modos de expressar o ridículo da condição humana –, Montaigne explica seu método:

"Tomo do acaso o primeiro argumento; todos me são igualmente bons. Mas nunca me proponho a apresentá-los por inteiro" (I, 50).

Em outras palavras, "Todo argumento me é igualmente fértil" (III, 5): a meditação de Montaigne pode partir de qualquer observação, leitura ou encontro casual. É por isso que gosta tanto de viajar, especialmente – como vimos – da cavalgada, durante a qual melhor lhe vêm as ideias, suscitadas e depois interrompidas pelo movimento das coisas, da vida. Ele segue um pensamento durante um momento, depois o troca por outro, mas isso não é mau, pois tudo está interligado.

Esse breve dado de método provocará mais tarde um acréscimo prolongado:

"Pois não vejo o todo de coisa alguma; tampouco o veem os que nos prometem mostrá-lo. De cem membros e rostos que cada coisa tem, tomo um, ora para só prová-lo de leve, ora para tocar sua superfície; e, às vezes, para pinçá-lo até o osso. Faço-lhe um avanço, não o mais ampla, porém o mais profundamente que sei. E quase sempre gosto de captá-los por algum ângulo inusitado" (I, 50).

Dessa vez, depois de publicar seus *Ensaios*, Montaigne está mais seguro: os que pretendem ir ao fundo das coisas nos enganam, diz ele, pois não é dado ao homem conhecer o fundo das coisas. E a diversidade do mundo é tão grande que todo saber é frágil, resume-se a uma opinião. As coisas têm "cem membros e rostos". "Sua qualidade mais universal é a diversidade" (II, 37). Sendo assim, tudo o que posso pretender é esclarecer este ou aquele aspecto. Montaigne multiplica os pontos de vista, contradiz-se, mas é porque o próprio mundo está repleto de paradoxos e incoerências.

"Eu me arriscaria a tratar a fundo alguma matéria se me conhecesse menos e me enganasse quanto à minha incapacidade. Semeando aqui uma palavra, ali outra, retalhos tirados de sua peça, separados, sem intenção nem compromisso, não estou obrigado a fazê-lo bem nem a limitar a mim mesmo, sem variar quando me aprouver; e [posso] render-me à dúvida e incerteza, e à minha forma mestra, que é a ignorância" (I, 50).

Apenas a ilusão pode fazer-nos crer que chegaremos ao fundo de um assunto. Indo para cá e para lá, abordando todas as coisas por um lado menor, Montaigne não escreve como se fosse para valer, séria, definitivamente, e sim a seu bel-prazer, contradizendo-se eventualmente, ou suspendendo seu julgamento se a matéria for inacessível ou insolúvel, como a bruxaria.

A passagem, o acréscimo se encerra com um elogio à ignorância, "minha forma mestra". Mas, atenção: essa ignorância que é a lição final dos *Ensaios* não é a ignorância primitiva, a "burrice e a ignorância" daquele que se recusa a conhecer, que não tenta saber, e sim a ignorância erudita, a que percorreu os saberes e percebeu que nunca eram mais que semissaberes. Não há nada pior no mundo do que os semissábios, como dirá Pascal, os que julgam saber. A ignorância que Montaigne elogia é bem a de Sócrates, que sabe que não sabe; é "o grau extremo de perfeição e de dificuldade", que se aproxima da "pura e primeira impressão e ignorância natural" (III, 12).

39

O tempo perdido

Nas margens do exemplar de Bordeaux dos *Ensaios*, aquele volumoso in-quarto da edição de 1588 que Montaigne abarrotou de "alongamentos" até sua morte em 1592, são numerosas as reflexões que mais tarde voltam a seu projeto, como este acréscimo do capítulo "Sobre o desmentir":

"E, mesmo que ninguém me leia, acaso terei perdido meu tempo ao entreter-me por tantas horas ociosas com pensamentos tão úteis e agradáveis? Ao modelar sobre mim esta figura, tantas vezes tive de me pentear e me arrumar para transcrever-me que o molde se consolidou e de certa maneira formou a si mesmo. Ao pintar-me para os outros, pintei em mim cores mais nítidas do que eram as minhas primeiras. Não fiz meu livro mais do que meu livro me fez. Livro consubstancial a seu autor, com uma ocupação própria, parte de minha vida; não com uma ocupação e uma finalidade terceiras e alheias, como todos os outros livros" (II, 18).

Para que os *Ensaios*? O que torna Montaigne tão humano, tão próximo de nós, é a dúvida, inclusive sobre si mesmo. Ele hesita sempre, dividido entre o riso e a tristeza. No final dos *Ensaios*, esse homem que lhes dedicou a melhor parte de sua vida ainda está se perguntando se perdeu seu tempo. O livro é descrito como uma moldagem, como uma impressão colhida sobre um modelo a fim de reproduzir-lhe os contornos. Mas Montaigne vai mais longe, não se limita a essa analogia simples: imediatamente passa a descrever uma dialética que liga o original e a reprodução, o "molde" e a "figura", para retomarmos seus termos. A ação da moldagem transformou o modelo, que sai dela mais "penteado", ou seja, mais bem-arrumado. O modelo se reencontra na cópia, mas a cópia modificou o modelo; eles fizeram um ao outro, ou um se fez o outro, de tal modo que se tornaram indistintos: "quem toca um toca o outro", dirá Montaigne no capítulo "Sobre o arrependimento" (III, 2).

Percebe-se que ele sente um certo orgulho de haver obtido êxito num empreendimento sem precedentes, visto que nenhum outro autor já ambicionara realizar essa identidade total entre o homem e o livro. Mas essa pequena vaidade deve ser prontamente desmentida, pois tudo foi feito sem intenção, por acaso, para seu prazer:

"Terei perdido meu tempo por prestar-me contas de mim tão continuadamente, com tanto cuidado? Os que se repassam apenas em pensamento e oralmente, em poucas horas, não se examinam tão essencialmente nem se penetram como quem faz disso seu estudo, sua obra e seu ofício, quem se empenha num registro duradouro, com todo seu ânimo, com toda sua força. [...] Quantas vezes esta tarefa me desviou de cogitações tediosas!" (II, 18).

Montaigne tem consciência da singularidade e da temeridade de seu procedimento: os que se examinam somente pensando, falando, ou só de tempos em tempos, não vão tão longe no conhecimento de si, ou seja, no conhecimento do homem. Ele sabe que o fato de escrever, de se escrever, mudou-o, interiormente e com relação aos outros. "O fato de esse homem Montaigne ter escrito aumentou verdadeiramente a alegria de viver no mundo", reconhecerá Nietzsche.

Mas não está em questão "cravar uma estátua em praça pública" (II, 18); imediatamente depois de se conceder algum destaque, Montaigne se recolhe: acima de tudo, a escrita foi uma distração, um remédio contra o tédio, um socorro contra a melancolia.

40

O trono do mundo

Estive muito tempo me perguntando se ousaria citar a conclusão irreverentíssima dos *Ensaios*, com risco de chocar ouvidos delicados. Mas, se Montaigne disse, com que direito não repetir? Então vamos lá, pois esta é a última oportunidade: "Esopo, aquele grande homem, viu que seu amo mijava caminhando. 'Ora essa', disse ele, 'então teremos de cagar correndo?' Administremos bem o tempo e ainda nos restará muito dele ocioso e mal empregado" (III, 13).

Toda uma filosofia de vida é assim resumida em algumas palavras contundentes. Os homens do Renascimento não faziam tanta cerimônia como nós e diziam francamente o que pensavam. O último capítulo dos *Ensaios*, "Sobre a experiência", expõe a sabedoria final de Montaigne, frequentemente associada ao epicurismo. Devemos dar-nos tempo para viver; sigamos a natureza; desfrutemos o momento presente; não nos precipitemos inutilmente. *Festina lente*, ou "Apressa-te lentamente", como resumia um lema paradoxal apreciado por Erasmo. Como Montaigne expressa um pouco antes:

"Tenho um dicionário só meu: passo o tempo, quando ele é mau e desagradável; quando é bom, não quero passá-lo: saboreio-o, detenho-me nele. É preciso correr no mau e parar no bom" (III, 13).

Apressemos o passo quando estivermos sofrendo, mas saboreemos tranquilamente os prazeres do instante. *Carpe diem*, dizia Horácio. "Colhe o dia presente sem te preocupares com o amanhã"; aproveita o momento em sua plenitude, sem pensares na morte. As últimas páginas dos *Ensaios* conjugam essa moral em todas as suas formas, pregando a coincidência consigo mesmo:

"Quando danço, danço; quando durmo, durmo. E, mesmo quando passeio solitariamente por um belo pomar, se durante uma parte do tempo meus pensamentos entretêm-se com circunstâncias alheias, durante outra parte trago-os de volta ao passeio, ao pomar, à doçura dessa solidão e a mim" (III, 13).

A ética de vida que Montaigne se propõe é também uma estética, uma arte de viver belamente. Apropriar-se do momento torna-se uma forma de estar no mundo – modesta, natural, simples e plenamente humana.

"A gentil inscrição com que os atenienses comemoraram a vinda de Pompeu à sua cidade harmoniza-se com meu entendimento:

> Tu és tanto mais deus
> Quanto te sabes homem.

É uma perfeição absoluta, e como que divina, saber desfrutar lealmente de seu ser. Procuramos outras condições por não compreendermos o uso das nossas, e saímos fora de nós por não sabermos o que acontece dentro. Aliás, de nada nos adianta subir em pernas de pau porque sobre pernas de pau ainda temos de caminhar com nossas pernas. E no mais alto trono do mundo ainda estamos sentados sobre nosso traseiro. As vidas mais belas são, para meu gosto, as que se ajustam ao modelo comum e humano, com ordem, mas sem milagre, sem extravagância" (III, 13).

As últimas palavras dos *Ensaios* aceitam a vida tal como nos é dada e tudo o que ela nos reserva, a mesma para todos, para os grandes e os humildes, pois diante da morte somos todos iguais. Montaigne até mesmo consegue criticar Sócrates, seu herói supremo, por haver desejado furtar-se à condição humana ao ter um demônio que o puxava pela manga como um anjo da guarda. Já ele, Montaigne, é o homem nu, submisso à natureza, contente com seu destino – nosso irmão.